文章作法

夏丏尊 · 刘薰宇

写好文章就这几步

开明文库

语文大师教你能读会写

开明出版社

图书在版编目（CIP）数据

文章作法：写好文章就这几步 / 夏丏尊，刘薰宇著.
—北京：开明出版社，2021.3
（开明文库. 语文大师教你能读会写）
ISBN 978-7-5131-6022-3

Ⅰ.①文… Ⅱ.①夏… ②刘… Ⅲ.①汉语—写作
Ⅳ.①H15

中国版本图书馆CIP数据核字（2020）第225398号

责任编辑：卓玥　张慧明

书　名：文章作法：写好文章就这几步
出版人：陈滨滨
著　者：夏丏尊　刘薰宇
出　版：开明出版社（北京市海淀区西三环北路25号青政大厦6层）
印　刷：天津旭非印刷有限公司
开　本：880mm × 1230mm　1/32
印　张：7.25
字　数：143千字
版　次：2021年3月 第一版
印　次：2021年3月 第一次印刷
定　价：39.00元

“开明文库·语文大师教你能读会写”

出版说明

语文是我国现代教育的基础学科，其目标“在养成阅读书籍的习惯，培植欣赏文字的能力，训练写作文字的技能”，因此阅读与写作是语文教学的重中之重，亦是叶圣陶等诸多语文教育大家热心关切的领域。这些大家不仅是中国现代汉语规范的创立者，亦是语文教育的开拓者，他们结合自己的经验，“谨慎的用心的写出”富有启发性的指导书籍，成为润泽无数青年的熠熠经典。“开明文库·语文大师教你能读会写”系列从中精选出十本，以飨读者。

《如何阅读一本书：好方法比努力更重要》，是叶圣陶、朱自清为中学国文教学编写的指导用书——《精读指导举隅》和《略读指导举隅》的合集，精选了说明文、议论文、抒情文、小说、诗歌等各类文体的经典之作为实例，全方位地阐释阅读过程中应当注意的问题和方法，堪称指导阅读的宝典。

《好读书而求甚解——叶圣陶谈阅读》，是叶圣陶阅读思想和阅读经验的汇集，内容涉及阅读的重要性及如何养成良好阅读习惯，是培养阅读自觉性、提升阅读能力的必读书目。

《文心：别开生面的语文课》，是夏丏尊、叶圣陶精心合作的“读书故事”，以青少年成长为线索，把学习语文的知识和技能巧妙地融进32个有趣的故事中，使抽象的语文知识和中学生的生活，以及社会上的大小时事交融在一起，既是一本谈“文章作法”的书，也是一本介绍“文学入门”的书，享有“为天下之至文”的美誉。

《文章例话——好文章究竟好在哪里》，由叶圣陶为《新少年》杂志“文章展览”专栏写的一系列侧重评论和赏析的文章汇集而成。书中选用了二十七篇名家的代表作，文后有叶圣陶的点评，细细道出好文章究竟好在哪里，又有哪些可取之处，对培养“鉴赏力”、学会阅读和欣赏文章大有裨益。

《七十二堂写作课——夏丏尊、叶圣陶教你写文章》，选自夏丏尊、叶圣陶二人合编的《国文百八课》。夏丏尊和叶圣陶认为文章的知识有一百零八个方面，就将每个知识精心地设计为一课，遗憾的是因“全面抗战”爆发，只编写了七十二课。这“七十二课”的“选文”有日记、游记、随笔、记叙文、小说、诗歌、散文、报告书、说明文、学术文、诗歌、仪式文、宣言和议论文，对每一篇选文都有十分清晰的介绍和评析，是青年人学习写作、提高写作技能不可不读的好书。

《落花水面皆文章——叶圣陶谈写作》，汇集了叶圣陶传授写作经验和技能的三十一篇文字，回答了写好文章需要做哪些准备、如何安排文章的结构、怎样评判文章的好坏等常识性的问题。既有行之有效的写作技巧，又有精辟入里的理论指导，值得一读。

《作文杂谈》，是张中行总结了自己半个多世纪以来写作经历的甘苦的结晶。言为心声，信笔写来却自成系统，他以一位前辈写作者的角度，阐述写作中可能遇到的诸多难题困惑的解决方法，中肯贴切、谦逊风趣，具有极强的实操性和现实指导意义。

《文章作法：写好文章就这几步》，是夏丏尊在长沙第一师范和白马湖春晖中学执教时编就的讲义稿；后经教育家刘薰宇在立达学园教学实践中，修改补充而成。从五类常用的文体出发，着重介绍相应的语文知识和写作方法。依据书中提及但未及细述的主题，编者还特从夏丏尊文集中选取文章补充于文前和附录中，方便读者深入理解夏丏尊语文教育思想，更加有效地提高实际写作能力。

《作文基本功：如何写得生动有趣》，原名《修辞概要》，是著名语文教育家、语言学家张志公集学术性与实用性于一体的写作指导书。全书分选词、造句、修饰、谋篇布局和写作风格五个部分，结合一般写作中的弊病对症下药，详细解答了修辞与写作中的常见问题，有助于读者掌握语言表达的内在规律，提高语言运用的艺术水平。

《文章修养》，是著名作家唐弢为青年人量身定制的一本课外读物，内容不限于指导写作，还补充了许多"普通青年应当注意的语文方面的知识"。本书上半部以史立论，下半部细谈写作，文中征引了丰富的例证，练习写作的同时也可提高读者的文学修养。

这十本名著因了文字的深入浅出、内容的"对症下药"，当年均是甫一出版即引起青年们的阅读风潮，随着时间的推移被一代又一代学人所钦敬，也滋养着一代又一代人的知识和智慧，而成为经典。

时移世易，"开明文库·语文大师教你能读会写"系列对于今天的语文学习和读写创作依然有着不可替代的参考意义。书中的真知灼见和谆谆教诲，也折射出大师们的哲思领悟，不仅是立言之本，更是立人之本，会在岁月长河中历久弥新。

开明出版社编辑部

2021年1月

序

这是我六七年来的讲义稿，前五章是一九一九年在长沙第一师范时编的，第六章小品文是一九二二年在白马湖春晖中学时编的，二者性质不同，现在就勉强凑集在一处。附录三篇，都是在校报上发表过的，也顺便附在后面。

教师原是忙碌者，国文教师尤其是忙碌者中的忙碌者，全书诸稿，记得都是深夜在呵欠中写成的。讲的时候，学生虽表示有兴味，但讲过以后，自己就不愿再去看它，觉得别无可存的价值。只把订成的油印本搭在书架上。

有一天，邻人刘薰宇从尘埃中拿下来看了说是很好，劝我出版，我只是笑而不应。这已是四年前的事了。去年，薰宇因立达学园缺乏国文教师，不教数学，改行教国文了，叫我把稿本给他，说要用这去教学生。我告诉他原稿不完全的所在，请他随教随修改。薰宇教了一年，修改了一年，于说明不充足处，使之详明，引例不妥当处，从新更换，费去的心思实在不少。大家认为可做立达学园比较固定的教本，为欲省油印的烦累，及兼备别校采用计，就以两人合编的名义，归开明书店出版。

本书内容取材于日本同性质的书籍者殊不少。附录中的《作文的基本的态度》一篇，记得是从五十岚力氏《作文三十讲》中某章“烧直”过来的，顺便声明在这里。

一九二六,八,七，丏尊记于上海江湾立达学园。

绪　言

“熟读唐诗三百首，不会作诗也会吟。”这句话虽然只指示学习“作诗”的初步方法，但中国人学习作文，也是同一的态度。原来中国文人是认定“文无定法”，只有“神而明之”，所以古代虽然有几部论到作文法的书如刘勰的《文心雕龙》和唐彪的《读书作文谱》之类以及其他的零碎论文，不是依然脱不了“神而明之”的根本思想，陈义过高，流于玄妙，就是不合时宜。近来在这方面虽已渐渐有人注意，新出版的书也有了好几种，只是适合于中等学校做教科用的仍不易得；而为应教学上的需要，实在又不能久待；所以参考他国现行关于这一类的书籍，编成这本书以救急。

文章本是为了传达自己的意思或情感而作的，所以只是一种工具。单有意思或情感，没有用文字发表出来，就只能保藏在自己的心里，别人无从得知。单有文字而无意思或情感，不过是文字的排列，也不能使读的人得到点什么。意思或情感是文章的内容，文字的结构是文章的形式。内容是否充实，这关系作者的经验、智力、修养。至于形式的美丑，那便是一种技术。严格地说，这两方面虽是同样地没有成法可依赖，但后者毕竟有些基本方法可以遵照，作文法就是讲明这些方法的。

技术要达到巧妙的地步，不能只靠规矩，非自己努力锻炼不可。学游泳的人不是只读几本书就能成，学木工的人不是只听别人讲几次便会，作文也是如此，单知道作文法也不能就作得出好文章。反过来说，不知作文法的人，就是所谓“神而明之”的也竟有成功的。总之，一切技术都相同，仅仅仗那外来的知识而缺乏练习，绝不能纯熟而达到巧妙的境地。“多读，多作，多商量”，这话虽然简单，实在是很中肯綮，颠扑不破；要想作好文章的不能不在这方面下番切实的功夫。

照上面所说的一段话，必定有人疑心到作文法全无价值，依旧确信“文无定法”，只想“神而明之”，这也是错的。专一依赖法则固然是不中用，但法则究竟能指示人以必由的途径，使人得到正规。渔父的儿子虽然善于游泳，但比之于有正当知识，再经过练习的专门家，究竟相差很远。而跟着渔父的儿子去学游泳，比之于跟着专门家去练习也不同，后者总比前者来得正确、快速。法则对于技术是必要而不充足的条件，真正凭着练习成功的，必是暗合于法则而不自知的。法则没用而有用，就在这一点，作文法的真价值，也就在这一点。

目录

第五章　小品文

附　录

从斟词酌句到表情达意

学习国文的方法，从古到今不知道已有多少人说过，我今天所讲的不消说都是些“老生常谈”，请勿见笑。我是主张学习国文应该着眼在文字的形式的，我所讲的方法也是关于形式方面的事情。打算分三层来说：（一）是关于词儿的；（二）是关于句子的；（三）是关于表现方法的。

先说关于词儿所当注意的事情，第一是词儿的辨别要清楚，中国的文字是一个个的方块字，本身并无语尾变化，完全由方块的单字拼合起来造出种种的功用。中国文字寻常所用的不过一二千个字，初看去似乎只要晓得了这一二千个字，就可看得懂一切的文字了，其实这是大错的。中国常用的文字数目虽有限，可是拼合成功的词儿数目却很多。例如“轻”“重”两个字，是小学生都认识的，但“轻”字“重”字和别的单字拼合起来，可以造成许多词儿，如“轻率”“轻浮”“轻狂”“轻易”“轻蔑”“轻松”“轻便”都是用“轻”字拼成的词儿，“重要”“重实”“严重”“厚重”“沉重”“郑重”“尊重”都是用“重”字拼成的词儿，此外还可有各种各样的拼合法。这些词儿当然和原来的“轻”字“重”字有关联，可是每个词儿意思情味并不一样，老实说每个都是生字。你在读文字的时候必会和许许多多的词儿相接触，你在写文字的时候必要运用许许多多的词儿，词儿的注意，是很要紧的。中国从前的字典只有一个个的单字，近来已有辞典，不仅仅以单字为本位，把常用的词儿都收进去了。每一个词儿的意义似乎可用辞典来查考，但是你必须留意，辞典对于词儿的解释，是用比较意思相像的同义语来凑数的。譬如说“轻狂”和“轻薄”两个词儿，明明是有区别的，可是你如果去翻辞典，就会见“不稳重”或“不庄重”等类的共通的解释。这并不是辞典不好，实在是无可奈何的事。一个词儿的意义是多方面的，辞典当然不能一一列举，只能把大意用别的同义语来表示了。词儿不但有意义，还有情味。词儿的情味，完全要靠自己去领略，辞典是无法帮忙的。犹之吃东西，甜、酸、苦、辣是尝得出而说不出的。文字语言是社会的产物，词儿因了许多人的使用，各有着特别的情味，这情味如不领略到，即使表面的意义懂得了，仍不能算已了解了这词儿。再举例来说，“现代”和“摩登”，意思是差不多的，可是情味大大不同。“现代学生”“现代女子”并不就是“摩登学生”“摩登女子”的意思。这因为“摩登”二字在多数人的心目中已变更了意义，“现代”二字不能表出它的情味了。又如“贼出关门”和“亡羊补牢”这两句成语，都是事后补救的譬喻，意思也差不多，但使用在文字语言里，情意也有区别。“贼出关门”表示补救已来不及，“亡羊补牢”表示尚来得及补救。这因为“亡羊补牢”一向就和“未为晚也”联在一处，而“贼出关门”却是说人家失窃以后的情形的缘故。对于词儿，不但要知道它的解释，还要懂得它的情味。你在读文字的时候，如果不用这步功夫，那么你不但对于所读的文字不能十分了解，将来自己写起文字来也难免要犯用词不当的毛病。

上面所讲的是词儿的解释和情味两方面。关于词儿，另外还有一个方面值得注意，就是词儿在句子中的用法，这普通叫词性，是文法上的项目。我在前面曾经讲过，中国文字本身是一个个的方块字，一个词儿用作名词、动词、形容词、副词，有时候都可以的。譬如“上下”一个词儿，就有各种不同的用法，这里有几句句子：“上下和睦”“上下其手”“张三李四成绩不相上下”“上下房间都住满了人”，这几句句子里都有“上下”的词儿，可是文法上的词性各不相同。“上下”是两个单字合成的词儿尚且有这些变化，至于单字的词儿变化更多了。这些变化，在普通的辞典里是找不着的，你须得在读文字的时候随处留意。你已记得梅花、兰花的“花”字了，如果在读文字的时候碰到花钱的“花”字，花言巧语的“花”字，或是眼睛昏花的“花”字，都应该记牢，如果再碰到别的用法的“花”字，也应该记牢，因为这些都是“花”字的用法。你如果只知道梅花、兰花的“花”，不知道别的“花”，就不能算完全认识了“花”的一个词儿。

关于词儿，可说的方面还不少，上面所举出的三项，就是词儿的意义、情味、在句子中的用法，是比较重要的，学习的时候应该着眼在这些方面。

以下要讲到句子了。关于句子，第一所当着眼的是句子的样式。自古以来用文字写成的东西，不知有多少，即就诸君所读过的来说，也已很可观了。这些文字，虽然各不相同，若就一句句的句子看来，我认为样式是并不多的。我曾经有一个志愿，想把中国文字的句式来做归纳的统计，办法是取比较可作依据的书，文言文的如“四书”“五经”，白话的如《红楼梦》《水浒传》，句句地圈断、剪碎，按照形式相同的排比起来，譬如说“子曰”“曾子曰”“孟子曰”和“贾宝玉道”“林黛玉道”“武松道”归成一类，“不亦说乎”“不亦乐乎”“不亦快哉”归成一类，“穆穆文王”“赫赫泰山”“区区这些礼物”归成一类，“烹而食之”“顾而乐之”“垂涕泣而道之”归成一类，这样归纳起来，据我推测，句子的种类是很有限的。确数不敢说，至多不会超过一百种的式样。诸君如不信，不妨去试试。读文字，听谈话，能够留心句式，找出若干有限的格式来，不但在理解上可以省却力气，而且在发表上也可以得到许多便利。诸君读文言传记，开端常会碰到“××，××人”或“××者××人也”吧，这是两个式样，如果有时候碰到“一丈，十尺”或“人者仁也”不妨把它归纳起来当作一类的格式记在肚子里。诸君和朋友谈话，如果听到“天会下雨吧”“我要着皮鞋了”，就把它归纳起来当作一类格式来记住。

这样把句子依了式样来归并，可以从繁复杂乱的文字里看出简单的方法来，在学习上是非常切实有用的。此外尚有一点要注意，句子的式样是就句子独立着的情形讲的。一篇文字由一句句的句子结合而成，句子和句子的关系并不简单。平常所认定的句子的式样，和别的辞句连在一处的时候，也许可以把性质全然变更。譬如说“山高水长”这句句式和“桃红柳绿”咧、“日暖风和”咧，是同样的。但如果就上面加成分上去，改为“先生之风山高水长”的时候，情形就不同了。光是从“山高水长”看来，高的是山，长的是水，至于在“先生之风山高水长”里面，高的不是山，是先生之风，长的不是水，也是先生之风，意思是说“先生之风像山一般地高，水一般地长”了。这种情形，日常语言里也常可碰到，譬如，“今天天气很好”“我和你逛公园去吧”，这是两句独立完整的句子，如果连结起来，上一句就成了下一句的条件，资格不相等了。一句句子放在整篇的文字里和上文下文可以有种种的关系，连接的式样很多，方才所举的只不过一二个例子而已。读文字的时候对于每一句句子不但要单独地认识它，还要和上下文联结了认识它，自己写作文字的时候，对于每一句句子不但要单独地看来通得过，还要合着上下文看来通得过。尽有一些人，在读文字的时候，逐句懂得，而贯串起来倒不清楚，写出文字来，逐句看去似乎没有毛病，而连续下去却莫名其妙，这都是未曾把句子和句子的关系弄明白的缘故。

上面已讲过词儿和句子，以下再讲表现的方法。文字语言原是表现思想感情的工具，我们心里有一种意思或是感情，用文字写出来或口里讲出来，这就是表现。表现有各种各样的方法，同是一种意思或感情，可有许多表现的方式。同是一句话，可有各种各样的说法。譬如说“张三非常喜欢喝酒”，这话可以改变方式来说，例如“张三是个酒徒”咧，“张三是酒不离口”咧，“酒是张三的第二生命”咧，意思都差不多，此外不消说还可有许多的表现法。“晚上睡得着”一句话可以用作“安心”的表现；骂人“没用”，有时可以用“饭桶”来表现，有时可以用反对的说法，说他是“宝贝”或“能干”。意思只是一个，表现的方法却不止一个，在许多方法之中究竟哪一种好，这是要看情形怎样，无法预定的。读文字的时候最好能随时顾到，看作者所用的是哪一种表现法，用得有没有效果？自己写作文字，对于自己所想表现的意思，也须尽量考虑，选择最适当的表现法。

文字语言的一切技巧，可以说就是表现的技巧。写一件事情、一种东西或是一种感情，用什么文体来写，先写什么，后写什么，写得简单或是写得详细，诸如此类，都是表现技巧上的问题。所以值得大大地注意。

我在上面已就了词儿、句子、表现法三方面，分别说明应该注意的事情，这些都是文字的形式上应该着眼的。诸君学习文字，我觉得这些就是值得努力的地方。

末了，我劝诸君能够用些读的功夫。从前的读书人，学习文字唯一的方法就是读。自有学校教育以来，对于文字往往只用眼睛看，用口来读的人已不多了。其实读是很有效的方法，方才所举的关于词儿、句子、表现法等类的事项，大半是可在读的时候发见领略的。我认为诸君应该选择几篇可读的文字来反复熟读，白话文也可以用谈话或演说的调子来读。读的篇数不必多，材料要精，读的程度要到能背诵。读得熟了，才能发见本篇前后的照应，才能和别篇文字作种种的比较。因为文字读得会背诵以后，离开了书本可随时记起，就随时会有所发见，学习研究的机会也就愈多了。不但别人写的文字要读，自己写文字的时候也要读，从来名家都用过就草稿自读自改的苦功。

关于国文的学习，可讲的方面很多。时间有限，今天所讲的只是这些。我对于中学国文教学，曾发表过许多意见，有两部书，一部叫《文心》；一部叫《国文百八课》，都是我和叶圣陶先生合写的，诸君如未曾看到过，不妨参考参考。

（节选自《学习国文的着眼点·下》，
《中学生》第六十八号，1936年10月）

无从下笔？听听大师的心法

从古以来，关于作文不知已有过多少的金言玉律。什么“推敲”咧，“多读、多作、多商量”咧，“文以达意为功”咧，“文必己出”咧，诸如此类的话，不遑枚举，在我看来，似乎都只是大同小异的东西，举一可概其余的。例如“推敲”与“商量”固然差不多，再按之，不“多读”，则识辞不多，积理不丰，也就无从“商量”，无从“推敲”，因而也就无从“多作”了。因为“作”不是叫你随便地把“且夫天下之人”瞎写几张，乃是要作的。至于“达意”，仍是一句老话头，唯其与“意”尚未相吻合，尚未适切，故有“推敲”“商量”的必要，“推敲”“商量”的目的，无非就在“达意”而已。至于“文必己出”亦然。要达的是“己”的意，不是他人的意，自己的意要想把它达出，当然只好“己出”，不能“他出”，又因要想真个把“己”达出，“推敲”“商量”的功夫就不可少了。此外如“修辞立其诚”咧，“文贵自然”咧，也都可作同样的解释，只是字面上的不同罢了。佛法中有“一即一切”“一切即一”的话，我觉得从古以来古人所遗留下来的文章诀窍亦如此。

我曾在本稿开始时声明，我所能说的只是老生常谈。关于写作，我所能说的更是老生常谈中之老生常谈。以下我将从许多老生常谈中选出若干适合于中学生诸君的条件，加以演述。

关于写作，第一可发生的问题是“写作些什么”，第二是“怎样写作”。

现在先谈“写作些什么”。

先来介绍一个笑话：从前有一个秀才，有一天伏在案头作文章，因为作不出，皱起了眉头，唉声叹气，样子很苦痛。他的妻在旁嘲笑了说：“看你作文章的样子，比我们女人生产还苦呢！”秀才答道：“这当然！你们女人的生产是肚子里先有东西的，还不算苦。我的作文章，是要从空的肚子里叫它生产出来，那才真是苦啊！”真的，文章原是发表自己的思想感情的东西，要有思想感情，才能写得出来，那秀才肚子里根本空空的没有货色，却要硬作文章，当然比女人生产要苦了。

照理，无论是谁，只要不是白痴，肚子里必有思想感情，绝不会是全然空虚的。从前正式的文章是八股文，八股文须代圣人立言，《论语》中的题目，须用孔子的口气来说，《孟子》中的题目，须用孟子的口气来说，那秀才因为对于孔子、孟子的化装，未曾熟习，肚子里虽也许装满着目前的“想中举人”咧，“点翰林”咧，“要给妻买香粉”咧，以及关于柴米油盐等琐屑的思想感情，但都不是孔子、孟子所该说的，一律不能入文，思想感情虽有而等于无，故有作不出文章的苦痛。我们生当现在，已不必再受此种束缚，肚子里有什么思想感情，尽可自由发挥，写成文字。并且文字的形式也不必如从前的要有定律，日记好算文章，随笔也好算文章。作诗不必限字数，讲对仗，也不必一定用韵，长短自由，题目随意。一切和从前相较，算是自由已极的了。

那么凡是思想感情，一经表出，就可成为文章了吗？这却也没有这样简单。当我们有疾病的时候，“我恐这病不轻”是一种思想的发露，但写了出来，不好就算是文章。“苦啊！”是一种感情的表示，但写了出来，也不好算是文章。文章的内容是思想感情，所谓思想感情，不是单独的，是由若干思想或感情复合而成的东西。“交朋友要小心”不是文章，以此为中心，把“所以要小心”“怎样小心法”“古来某人曾怎样交友”等等的思想组织地系统地写出，使它成了某种有规模的东西，才是文章。“今天真快活”，不是文章，把“所以快活的事由”“那事件的状况”等等记出，写成一封给朋友看的书信或一则自己看的日记，才是文章。

文章普通有两种体式，一是实用的，一是趣味的。实用的文章为处置日常的实际生活而说，通常只把意思（思想感情）老实简单地记出，就可以了。诸君于年假将到时，用明信片通知家里，说校中几时放假，届时叫人来挑铺盖行李咧，在拍纸簿上写一张向朋友借书的条子咧，以及汇钱若干叫书店寄书册的信咧，拟校友会或寄宿舍小团体的规约咧，都是实用文。至于趣味的文章，是并无生活上的必要的，至少可以说是与个人眼前的生活关系不大，如果懒惰些，不作也没有什么不可。诸君平日在国文课堂上所受到的或自己想作的文章题目，如“同乐会记事”咧，“一个感情”咧，“文学与人生”咧，“悼某君之死”咧，“个人与社会”咧，小说咧，戏剧咧，新诗咧，都属于这一类。这类文章和个人实际生活关系很远，世间尽有不作这类文章，每日只写几张似通非通的便条子或实务信，安闲地生活着的人们。在中国的工商社会中，大部分的人就都如此。这类文章，用了浅薄的眼光从实际生活上看来，关系原甚少，但一般地所谓正式的文章，大都属在这一类里。我们现今所想学习的（虽然也包括实用文）也是这一类。这是什么缘故呢？原来人有爱美心与发表欲，迫于实用的时候，固然不得已地要利用文字来写出表意，即明知其对于实用无关，也想把其五官所接触的，心所感触的写出来示人，不能自已。这种欲望是一切艺术的根源，应该加以重视。学校中的作文课，就是为使青年满足这欲望，发达这欲望而设的。

话又说远去了，那么究竟写作些什么呢？实用的文章内容是有一定的，借书只是借书，约会只是约会，只要把意思直截、简单地写出，无文法上的错误，不写别字，合乎一定的格式就够了，似乎无须多说。以下试就一般的文章来谈“写作些什么”。

秀才从空肚子里产出文章，难于女人产小孩；诸君生在现代，不必抛了现在自己的思想感情，去代圣人立言，肚子绝无空虚的道理。“花的开落”“月的圆缺”“父母的爱”“家庭的悲欢”“朋友的交际”，都在诸君经验范围之内，“国内的纷争”“生活的方向”“社会的趋势”“物价的高下”“风俗的变更”，又为诸君观想所系。材料既无所不有。教师在作文课中常替诸君规定题目，叫诸君就题发挥，限定写一件什么事或谈一件什么理。这样说来，“写作些什么”在现在的学生似乎是不成问题了的。可是事实却不然。所谓写作，在某种意味上说，真等于母亲生产小孩。我们肚里虽有许多的思想感情，如果那思想感情未曾成熟，犹之胎儿发育未全，即使勉强生了下来，也是不完全的无生命的东西。文章的题目不论由于教师命题，或由于自己的感触，要之只不过是基本的胚种，我们要把这胚种多方培育，使之发达，或从经验中收得肥料，或从书册上吸取阳光，或从朋友谈话中供给水分，行住坐卧都关心于胚种的完成。如果是记事文，应把那要记的事物从各方面详加观察。如果是叙事文，应把那要叙的事件的经过逐一考查。如果是议论文，应寻出确切的理由，再从各方面引了例证，加以证明，使所立的断案坚牢不倒。归结一句话，对于题目，客观的须有确实丰富的知识（记叙文），主观的须有自己的见解与感触（议论文、感想文）。把这些知识或见解与感触打成一片，结为一团，这就是“写作些什么”问题中的“什么”了。

有了某种意见或欲望，觉得非写出来给人看不可，于是写成一篇文章，再对于这文章附加一个题目上去。这是正当的顺序。至于命题作文，是先有题目后找文章，照自然的顺序说来，原不甚妥当。但为防止抄袭计，为叫人练习某一定体式的文字计，命题却是一种好方法。近来学校教育上大多数也仍把这方法沿用着，凡正课的作文，大概由教师命题，叫学生写作。这种方式对于诸君也许有多少不自由的处所，但善用之，也有许多利益可得。（1）因了教师的命题，可学得捕捉文章题材的方法；（2）可学得敏捷搜集关系材料的本领；（3）可周遍地养成各种文体的写作能力。写作是一种郁积的发泄，犹之爆竹的遇火爆发。教师所命的题目，只是一条药线，如果诸君是平日储备着火药的，遇到火就会爆发起来，感到一种郁积发泄的愉快，若自己平日不随处留意，临时又懒去搜集，火药一无所有，那么，遇到题目，只能就题目随便勉强敷衍几句，犹之不会爆发的空爆竹，虽用火点着了药线，只是“刺”的一声，把药线烧毕就完了。“写作些什么”的“什么”，无论自由写作或命题写作，只靠临时搜集，是不够的。最好是预先多方注意，从读过的书里，从见到的世相里，从自己的体验里，从朋友的谈话里，广事吸收。或把它零零碎碎地记入笔记册中，以免遗忘，或把它分了类各各装入头脑里，以便触类记及。

再谈“怎样写作”。

关于写作的方法，我在这里不想对诸君多说别的，只想举出很简单的两个标准：（1）曰明了；（2）曰适当。写作文章目的，在将自己的思想感情传给他人。如果他人不易从我的文章上看取我的真意所在，或看取了而要误解，那就是我的失败。要想使人易解，故宜明了；为防人误解，故宜适当。我在前面曾说过：自古以来的文章诀窍，虽说法各各不同，其实只是同一的东西。这里所举的“明了”与“适当”，也只是一种的意义，因为不“明了”就不能“适当”，既“适当”就自然“明了”的。为说明上的便利计，姑且把它分开来说。

明了宜从两方面求之：（1）文句形式上的明了；（2）内容意义上的明了。

文句形式上的明了，就是寻常的所谓“通”。欲求文句形式上的明了，第一须注意的是句的构造和句与句间的接合呼应。句的构造如不合法，那一句就不明了；句与句间的接合呼应如不完密，就各句独立了看，或许意义可通，但连起来看去，仍然令人莫名其妙。这样的例子，举不胜举。例如：

> 发展这些文化的民族，当然不可指定就是一个民族的成绩，既不可说都是华族的创造，也不可说其他民族毫不知进步。

这是某书局出版的初中教本《本国历史》中的文字，首句的“民族”与次句的“成绩”前后失了照应，“不可说”的“可”字也有毛病。又该书于叙述黄帝与蚩尤的战争以后，写道：

> 这种经过，虽未必全可信，如蚩尤的能用铜器，似乎非这时所知。不过，当时必有这样战争的事实：始为古人所惊

异而传演下来，况且在农业初期人口发展以后，这种冲突，也是应有的现象。

这也是在句子上及句与句间的接合上有毛病的文字。试再举一例：

> 我们应当知道，教育这件事，不单指学校课本而言，此外更有所谓参考和其他课外读物。而且丰富和活的生命大概是后者而不是前者所产生的。

这是某会新近发表的《读书运动特刊》中《读书会宣言》里的文字。似乎辞句上也含着许多毛病。上二例的毛病在哪里呢？本稿篇幅有限，为避麻烦计，恕不一一指出，诸君可自己寻求，或去请问教师。

初中的《历史教本》会不通，《读书会宣言》会不通，不能不说是“奇谈”了，可是事实竟这样！足见通字的难讲，一不小心，就会不通的。我敢奉劝诸君，从初年级就把简单的文法（或语法）学习一过。对于辞性的识别及句的构造法，具备一种概略的知识。万一教师在正课中不授文法，也得在课外自己学习。

句的构造与句与句间的接合呼应，如果不明了了，就要不通。明了还有第二方面，就是内容意义上的明了。句的构造合法了，句与句间的接合呼应适当了，如果那文字可作两种的解释（普通称为歧义），或用辞与其所想表示的意义不确切，则形式上虽已完整，但仍不能算是明了。

> 无美学的知识的人，怎能作细密的绘画的批评呢？

这是有歧义的一例。“细密的绘画”的批评呢，还是细密的“绘画的批评”？殊不确定。

> 用辅导方法，使初级中学学生自己获得门径，鉴赏书籍，踏实治学。（读“文”，作“文”，“体察人间”）

这是某书局《初中国文教本编辑要旨》中的一条可以作为用辞与其所想表示的意义不确切的例子。“鉴赏书籍”，这话看去好像收藏家在玩赏宋版书与明版书，或装订作主人在批评封面制本上的格式哩。我想作者的本意必不如此。这就是所谓用辞不确切了。“踏实治学”一句，“踏实”很费解，说“治学”，陈义殊嫌太高。此外如“体察人间”的“人间”一语，似乎也有可商量的余地。

内容意义的不明了，由于文辞有歧义与用辞不确切。前者可由文法知识来救济，至于后者，则须别从各方面留心。用辞确切，是一件至难之事。自来各文家都曾于此煞费苦心。诸君如要想用辞确切，积极的方法是多认识辞，对于各辞具有敏感，在许多类似的辞中，能辨知何者范围较大，何者较小，何者最狭，何者程度最强，何者较弱，何者最弱。消极的方法，是不在文中使用自己尚未十分明知其意义的辞。想使用某一辞的时候，如自觉有可疑之处，先检查字典，到彻底明白然后用入。否则含混用去，必有露出破绽来的时候的。

以上所说是关于明了一方面的，以下再谈到适当。明了是形式上与部分上的条件，适当是全体上、态度上的条件。

我们写作文字，当然先有读者存在的预想的，所谓好的文字就是使读者容易领略、感动、乐于阅读的文字。诸君当执笔为文的时候，第一，不要忘记有读者；第二，须努力以求适合读者的心情，要使读者在你的文字中得到兴趣或快悦，不要使读者得着厌倦。

文字既应以读者为对象，首先须顾虑的是：（1）读者的性质；（2）作者与读者的关系；（3）写作这文的动机，等等。对本地人应该用本地话来说，对父兄应自处子弟的地位。如写作的动机是为了实用，那么用不着无谓的修饰，如果要想用文字煽动读者，则当设法加入种种使人兴奋的手段。文字的好与坏，第一步虽当注意于造句用辞，求其明了；第二步还须进而求全体的适当。对人适当，对时适当，对地适当，对目的适当。一不适当，就有毛病。关于此，日本文章学家五十岚力氏有“六W说”，所谓六W者：

（1）为什么作这文？（Why）

（2）在这文中所要述的是什么？（What）

（3）谁在作这文？（Who）

（4）在什么地方作这文？（Where）

（5）在什么时候作这文?（When）

（6）怎样作这文?（How）

归结起来说，就是："谁对了谁，为了什么，在什么地方，什么时候，用了什么方法，讲什么话。"

诸君作文时，最好就了这六项逐一自己审究。所谓适当的文字，就只是合乎这六项答案的文字而已。

本稿已超过预定的字数，我的老生常谈也已絮絮叨叨地说得连自己都要不耐烦了。请读者再忍耐一下，让我附加几句最重要的话，来把本稿结束吧。

文字的学习，虽当求之于文字的法则（上面的所谓明了，所谓适当，都是法则），但这只是极粗浅的功夫而已。要合乎法则的文字，才可以免除疵病。这犹之书法中的所谓横平竖直，还不过是第一步。进一步的，真的文字学习，须从为人着手。"文如其人"，文字毕竟是一种人格的表现，冷刻的文字，不是浮热的性质的人所能模效的，要作细密的文字，先须具备细密的性格。不去从培养本身的知识情感意志着想，一味想从文字上去学习文字，这是一般青年的误解。我愿诸君于学得了文字的法则以后，暂且抛了文字，多去读书，多去体验，努力于自己的修养，勿仅仅拘执了文字，在文字上用浅薄的功夫。

（节选自《关于国文的学习》，
《中学生》第十一号，1931年1月）

作者应有的态度：真实永远是C位

文章有内容和形式两方面，前面已经讲过。所谓好文章，就是达意表情，使读者读了以后能明了作者的本意，感到作者的心情的文章。应当怎样作法才能达到这种地步，这个问题包含很广，实不容易；但综合起来，最要紧的基本条件却有两个：（1）真实；（2）明确。

（1）真实

文章是传达自己的意思和情感给别人的东西。倘然自己本来并无这样的意思和情感，当然不应该作表示这样的意思和情感的文章，不然便是说诳了。近来，许多青年欢喜创作，却又并不从实生活上切切实实地观察体验，所以虽然作了许多篇东西，却全同造谣一样，令人读去觉得非常空虚。“情者，文之经；辞者，理之纬；经正而后纬成，理定而后辞畅：此立文之本也。”所以作文先要有真实的“情”，才不是“无病呻吟”。所谓“真实”，固然不是开发票或记账式地将事实一件一件地照样写出，应当有所选择；但把很微细的事物说得很夸张，把很重大的事件说得很狭小，或竟把有说成无，把无说成有，都不免成为虚空。

虽然文章是表现作者的实感，往往有扩大、缩小的事实，而同一事物看大、看小也随人随时不同；但这是以作者的心情作基础，不能凭空妄造。用一块钱买一件东西，是一桩很简单的事；但因时间和各人的情形不同，有的人觉得便宜，就说：“不过花一块钱。”有的人觉得昂贵，就说：“这要一块钱呢！”心情完全不同。但都是真实的，所以没有不合理的地方。“白发三千丈，缘愁似个长”“笔落惊风雨，诗成泣鬼神”“朝如青丝暮成雪”“边亭流血成海水”，这类名句所以有价值，就因它们是表现作者的实感。倘若并没这样的心情，徒然用这样笔法来装饰，便是不真实。

（2）明确

文章要能使读的人了解，才算达到作文的目的，所以难解及容易误解的文章，都不能算是好的。古来的名文中，虽也有很深奥晦涩、非加上注解不能使人明白的，但这不是故意艰深，使人费解。所以这样有两种原因：一是它的内容本来深奥；二是言语随着时代变迁，古今不同。

文章本是济谈话之穷的东西，它的作用原和谈话没有两样。

但用谈话来发表意思和情感的时候，大概是彼此见面的；有不了解的地方，还可当场问清楚。至于文章，是给同时代或异时代任何地方的人看的，很难有询问的机会，万一费解，便要减少效用，或竟失却效用。就是谈话，尚且要力求明了，何况文章呢？

以上两种是作文的消极的条件，不可不慎重遵守。要适合这两种条件，下列几项最要注意。

（1）勿模仿、勿剿袭

文章是发表自己的意思和情感，所以不能将别人的文章借来冒充；剿袭的不好是大家都承认的，古来早已有人说过，不必再讲。至于模仿，古来却有不以为非的。什么桐城派、阳湖派的古文呀，汉魏的骈文呀，西昆体的诗呀……越学得像越好。其实文章原无所谓派别，随着时代而变迁，也无所谓一定的格式。仅仅像得哪一家，哪一篇，绝不能当作好的标准。从另一方面说，文章是表现自己的，各人有各人的天分，有各人的创造力；随人脚跟，结果必定抑灭了自己的个性；所作的文章就不能完全自由表示自己的意思和情感，也就不真实、不明确了。

（2）须自己造辞，勿漫用成语或典故

所作的文章要读的人读了能够得着和作者作时相同的印象，才算是好的，所以对于自己所要发表的意思和情感必须十分忠实。这本不是一件容易的事，第一步功夫就在用辞。用辞要适如其分，不可太强，也不可太弱，不可太大，也不可太小。从来文人无不在用辞上下过苦功夫，贾岛的“推敲”就是最显明的例。法国文豪福来培尔（今译为福楼拜）教他的学生莫泊桑有几句名语，很可作教训。

> 因为世间没有全然相同的事物，作者对于事物，要先观透它的个性。描写的时候务须明晰，使读者不致看错。这样，自然和人生的真相才能在作品中活跃。最要紧的事情就是选辞。我们应该晓得，表示某事物最适当的言语只有一个，若错用了别语，就容易和别事物混同。

他这段话真是至言，作者对于要表示的内容，应该搜求最适当的辞来表示它，不要漫把不适当的或勉强适当的辞来张冠李戴。因此可以说，要对言辞有敏感的人，才能作得出好文章。

晓得这一层，就不至于乱用成语或典故了。成语、典故如果真和自己所要表示的内容吻合，用也无妨，但事实上很难得有这样凑巧的事情。如“暮色苍然”是描写晚景的成语，但暮色不一定苍然，若只要描写暮色就用这成语便不真实了。古人灞桥折柳以送行，本是一种特别土风，“阳关”“渭城”也是实有所指；现在这种土风已没有了，事实也不相同了，要描写别离的情况，还用“阳关三叠”“渭城骊歌”这类的话，也便是不真实、不明确。又如“莼鲈之思”这句成语，在张翰本是实有这样的情感，若不是吴人，连莼鲈的味都不知道的，也用来表示思念故乡的情感，当然不真实、不明确了。用成语、典故真能确切的实在不多，所以这样的错误触目皆是，非特别留意不可。

和成语、典故相类似，用了容易发生错误的，还有外国语和方言。外国语除了已经通行的或真没有适当译语的以外，都应当避去，因为不懂外国语的人见了这种辞是不会懂的，已懂外国语的人见了这种辞又要感着累赘讨厌。方言非有特别理由，就是没有适当的辞可代替的时候，也不宜用，因为文章中杂用方言，别地方的人读了往往不容易明了。

（3）注意符号和分段

符号和分段，都是辅助文章使它的意义更比较明确的。符号错误，就易使文章的真意不明，或引起误解。同一句话，因符号不同，意义就不相同。例如：

一、“大军官正擦额上的汗呢！听见了这句话，遂高声喊道：‘全胜！’”，这句里“全胜！”本是大军官得意的口吻，所以用叹号（！）表出；若用问号，便是表示那大军官还怀疑别一军官的报告，并且和“遂高声喊道”几个字所表示的情调不称；若用句号（。），情调自然也不合，而“全胜”二字所表示的不过是事实的直述，再无别的意味。

二、“我爱他，是很光明的。”“我爱他是很光明的。”两句意义全不同：第一句“是很光明的”五个字是指“我爱他”这件事，第二句是指“我”所以“爱他”的原因。

一篇文章虽有一个中心思想，但仔细分析起来，总是联合几个小的中心思想成功的。为了使文章的头绪清楚，应当把关于各个小的中心思想的文字作成一段；换句话说，就是一个小的中心思想应当作一段，而一段中也只应当有一个小的中心思想。文章的内容若十分复杂，一段里面还可分成几小段。分段的标准或依空间的位置，或依时间的顺序，或依事理自然的秩序，全看文章的内容怎样。至于每段的长短，这是全无关系的。

（4）用字上的注意

为使文章明确和翻译外国文便利，关于第三身代名词，这几年常有人主张将“他”字依性别划分，但还没有一定主张；我喜欢单数在男性用“他”，在女性用“她”，在通性用“它”；多数则用“他们”“她们”“它们”。“的”字也划分成三个：（A）“的”用作代名词和形容词的语尾；（B）“底”用作后置介词，表示“所属”（目前习惯用法“底”与“的”不分，为便利读者，本文集的“底”都改成了“的”——编者）；（C）“地”用作副词的语尾。“那”字原有“询问”和“指示”两种任务；现在也有人主张分成两个，“询问”用“哪”，读上声；“指示”用“那”，读去声。这些分别，于文的明确很有关系，虽未全国通用，但在个人无论采用与否却须一致，否则误解就容易发生。

第一章　记事文

一　记事文的意义　/　二　做好素材积累，发散思维路径

三　取舍有道，方成妙文　/　四　搭好框架，谋篇布局

五　锐敏观察，捕捉特色

一　记事文的意义

将人和物的状态、性质、效用等，依照作者所目见、耳闻或想象的情形记述的文字，称为记事文。例如：

……这一枝梅花只有二尺来高，旁有一枝，纵横而出，约有二三尺长；其间小枝分歧，或如蟠螭，或如僵蚓，或孤削如笔，或密聚如林；真乃："花吐胭脂，香欺兰蕙。"

——《红楼梦》第五十回

案上设着大鼎，左边紫檀架上放着一个大官窑的大盘；盘内盛着数十个娇黄玲珑大佛手；右边洋漆架上悬着一个白玉比目磬，旁边挂着小槌。

——《红楼梦》第四十回

（状态）

可以敌得过代洛西的人，一个都没有，他什么都好，无论算术、作文、图画，总是他第一，他一学即会，有着惊人的记忆力，凡事不费什么力气，学问在他，好像游戏一般。

——《爱的教育·级长》

如今长了七八岁，虽然淘气异常，但聪明乖觉，百个不及他一个！

——《红楼梦》第二回

（性质）

那个软烟罗只有四样颜色，一样雨过天青，一样秋香色，一样松绿色的，一样就是银红的。若是做了帐子，糊了窗屉，远远的看着，就似烟雾一样。

——《红楼梦》第四十回

这就是鲛绡丝所织。暑热天气，张在堂屋里头，苍蝇蚊子，一个不能进来，又轻又亮。

——《红楼梦》第九十二回

（效用）

上面所举的例，都是记事文。所谓人和物的状态、性质、效用等都是静的，空间的这个标准全是就作者的旨趣说，所以有时被记出的虽是动状，仍是记事文，例如：

堤上虽有微风，河里却毫没有波纹，水面像镜子一般，映出澄清的天空的影。

——《少年的悲哀》

那时候白雾越发降得重，离开房子不过十步路，便看不见那边的窗，只看见一团黑影，里面射出来一条红灯光。河上又发出种奇怪的鼾息声，冰块爆裂声。一只鸡在院子里浓雾中间喔喔的叫着，引起别的鸡也鸣叫起来了，以近及远，慢慢儿一村间只听见一片鸡鸣声音。可是四围除去河流以外，所有都寂静。

——《复活》第十七章

二 做好素材积累，发散思维路径

记事文以记述经验为目的，未曾经验的事物当然无从记述。就是有时是根据作者的想象，而所记述的是假设的情形，但想象也不是凭空妄造，须有相当的经验作根据。因为这样，要作记事文先须经验事物，或目见，或耳闻，或参考书籍，从各方面收集材料，更将所得材料按适当的次序排列起来。在初学的人，没有腹案的功夫的，并须将各材料一一地用短文记出。例如要作“西湖”的记事文，先就经验所得，摘出种种的材料。

先查地理书，假定得到下面的材料：

（一）西湖在杭州城西，又名西子湖。

（二）西湖是东南的名胜。

再把自己在游西湖的时候的经验列举出来，假定如下：

（三）从上海坐沪杭车到杭州城站，步行三四里就到。

（四）我到车站的时候，原想坐人力车，后来听说到那里很近，就步行了。

（五）湖直径约十余里，游船往来如织。

（六）舟人说，原有两塔，南面的是雷峰塔，北面的是保俶塔。

（七）水很清，可望见游鱼。

（八）湖滨旅馆很多，我在某旅馆住了几天。

（九）别庄、祠堂相望，风景幽美。

（十）一面滨市，三面皆山。

（十一）山峰连续，最高者是北高峰。

（十二）春夏游人最多，外国人来游的也不少。

（十三）坐小舟行湖中，如入画图。

（十四）有苏白二堤，蜿蜒湖中。

（十五）有林和靖墓、苏小小墓、岳坟等古迹。

（十六）有名的山是北高峰、葛岭、孤山、南屏山等。

（十七）寺观林立，钟声时到游人的耳际。

（十八）某别庄正在那里开工建筑。

（十九）四围多垂柳，远望如绿烟。

（二十）有人在那里钓鱼。

（二十一）山上多树，水底有草。

这样一个个地排列起来（愈多愈好），然后再对于材料进行一种精密的取舍整理。

〔**注意**〕这种程序，可应用于一切文体，不但记事文如此。

三　取舍有道，方成妙文

从经验事物虽将各项关于事物（题目）的材料收集起来，但这些材料，对于题目并不全然适切。如果将不适切于题目的材料夹杂进去，文章就有不适切的毛病。选择材料的标准：一是适切题目，二是注重特色。例如以《西湖》为题的记事文，前节所列的材料中，如（三）（四）（十八）和（八）的后半部，（六）的前半部，都不是《游西湖记》的材料，不适切题目，应该舍去。（二十）（二十一）两项不是西湖的特色，也应舍去。

材料取舍完了，其次便是整理。凡是同类的材料，务必集合在一处，将冗繁支离的删去。例如前节（五）的后半部和（十二）可并，因为都是记述游人的情况的；（十一）和（十六）也可并，因为都是记述山的。

既将材料取舍，整理好了，联缀起来，就成文章。现在将前节所举的材料，依上面取舍整理的结果缀成短文如下：

西　湖

西湖又名西子湖，在杭州城西（一），是东南的名胜（二）。湖径广约十几里（五），一面滨市，三面皆山；山峰连续，最高的是北高峰（十一），此外有名的有葛岭、孤山、南屏山等（十六）。原有雷峰和保俶两塔对峙，现只保椒塔巍然矗于北面（六）。苏白二堤蜿蜒湖中（十四）。湖畔有林和靖墓、苏小小墓、岳坟等古迹（十五）；别庄、祠堂相望（九）。寺观林立，钟声时到游人耳际（十七），湖水清浅，可望见游鱼（七）。四围多垂柳，远望如绿烟（十九）。坐小船行湖中，好像入画图（十三）。春夏间游人最多，游船往来如织，外国人慕名来游的也不少（十二）。

练习

试自集材料做下列各题：

（1）我们的学校

（2）我的故乡

四　搭好框架，谋篇布局

记事文的顺序大概有两种，一以观察的顺序为标准，一以事物本身的关系为标准。简单的记事文如前节所举的例，通常用第一种。但要记复杂的事物，这种方法就不适用。如作《飞行机》和《无线电话》等题的记事文，也依作者自己所观察的顺序为文字的顺序，一一联缀起来，那便混杂不清了。

作复杂的记事文，先须注目于关系事物全体的材料，然后顺次及于各部分；各部分的材料中，又是先列大的，后列小的。现在参考书籍，作《鸽》的记事文如下：

鸽是和鸠同类的一种鸟，大都善飞，喜群居。统分野鸽和家鸽两类，家鸽又分菜鸽和飞鸽两种。

（一）

野鸽，性情极凶恶；住在山野树林里，以田禾为食，是农家的害鸟的一种。它的羽毛全体暗黑，只有背的中央是灰白色，颈和胸前有紫绿色的光泽，眼睛的颜色不好看。

（二）

家鸽为野鸽变种，性情很驯良，可以和家鸡一样给人家喂养。羽毛眼色，种种不一。飞翔很快，记忆力很强（1）。其中的一种，菜鸽，比较起来飞得不高，也飞得不远。眼色也不十分好看。只是它的生殖很容易。肉味也很鲜，用来佐菜，喜欢的人极多；就是它的蛋也是很贵重的食品（2）。

（三）

飞鸽，放到远处地方去，它也能自己飞回来，可用以传信。但是它生长很不容易，往往孵不出小鸽，因为难得，售价非常得贵。

（四）

家鸽的品格很多，要分辨它们的好坏和名目，只消看它们的眼睛和毛羽的颜色。

（五）

菜鸽的眼睛虽不十分好看，但也有几种有趣味的；一种姜黄眼，眼球下面，现着砂子，黄颜色里带些红色（1）。一种桃砂眼，眼球下面的砂是桃红色的（2）。又有一种水砂眼，桃砂的桃红色还带些淡红的（3）。无论姜黄眼或桃砂眼，眼球里有几粒黑砂，能够上下流动的，又叫流砂；很是名贵。将鸽的身子颠倒转来，眼球里的几粒黑砂，就慢慢地流下；等到再转身过去，又流转了去，真是有趣（4）。

（六）

飞鸽的眼睛，名目更多，最好看的是藤砂。藤砂又可分成三等：网藤，眼睛里有许多丝，像藤一般的，这种最好（a）；藤砂，只有一二条丝从眼球里现出来，极显明的，比网藤次一些（b）；藤砂中最下等的，丝贴紧在眼球下面，并不显明的（c）（1）。藤砂以外，铁砂眼，眼球里有一种和砂子一般的小粒的（2）；紫砂眼，眼睛颜色带深黑的，也是上品（3）。又有一种朱砂眼，眼睛里有细砂，红得像朱砂一样（4）。

（七）

这文的顺序画出图来，恰如下所示。

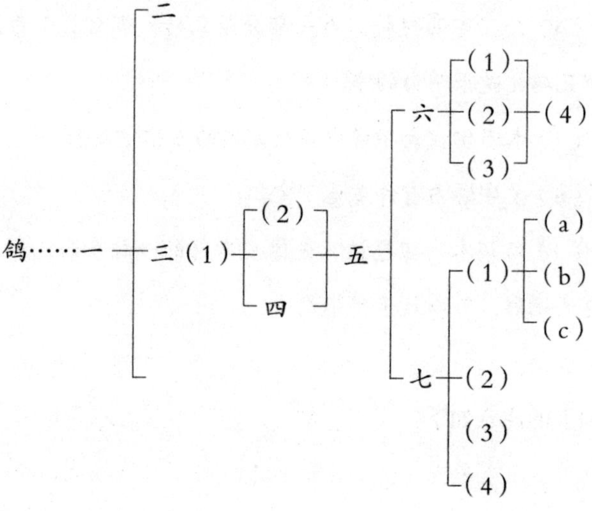

凡是所记的事物非一见一闻就能明了，要从书籍上查考它的效用、构造历史……的，都应该用这个方法来记述。

练习

（一）用下列材料作一篇《金字塔》的记事文：

（1）金字塔是五千年前埃及的古建筑，是国王的墓。

（2）金字塔中最大的，高四百八十尺，底的面积九万方尺，是世界上最大的建筑物。

（3）建筑的材料是瓦砖和花岗石。

（4）花岗石中最大的，重数百万斤。

（5）金字塔的里面藏着用木乃伊包被包裹的国王的死骸。

（6）金字塔的材料，有一部分是瓦砖，那么五千年以前就有瓦砖，是很明白的事。

（7）木乃伊在金字塔中多数室内的石棺中藏着。

（8）金字塔内有许多地下室。

（9）所谓木乃伊包被，是像皮布样的一种东西，用这包被包裹死骸，可以数千年不腐。

配列上的注意如下：

```
                        ┌花岗石
              ┌外部─┤
              │        └瓦砖
金字塔……全体─┤
              │
              └内部地下室……石棺——木乃伊包被
```

（二）依前法就下题作比较精细的文字：

（1）我的家

（2）桃

五　锐敏观察，捕捉特色

记事文虽以记述事物的状态、性质、效用，使人理解为主；但也有记述事物的美丑的一类，而不以使人理解为目的。前一类，称为科学的记事文，只是作者对于事物的认识的报告，比较偏于客观的，前几节所举的例都是。后一类称为文学的记事文，乃是表现作者对于事物的印象，主观的成分比较多。例如以《月》为题，就有下面的两种作法：

（一）月是星体中最和人相近的。在天空中一面绕着地球转动，同时随了地球绕太阳而行。它和地球一样，还有自转。它的自转和绕着地球转动，都大约是二十七日又零一周，所以地球上的人只能和它的大部分相见。月上也有山，山岭最高的约二万六千尺至一万七千尺；如阿奔那尼（Apennines）一山，壁立雄峻的奇峰竟有三千多个。它的本体原是黑暗的，只是反射太阳的光以为光。太阳照着的部分全向地球的时候，看去很圆，这叫作“望”。太阳不照着的全黑的部分向着地球的时候，叫作“晦”。太阳照着的和没有照着的各有一部分向着地球的时候，叫作“弦”。

（二）窗外好像水国，近的屋，远的山，都用不很明白的轮廓，画在空中。屋角树林的下面，晕着神秘的色光。熄灯以后，月光闯入室内，在床上铺着一条青黄色的光带。夜静了，不知哪里来的呜咽幽扬的笛声，还隐约地在枕上听得。

上面的第一篇，读了虽然可以得到关于月的状态和性质的知识，却不能感到月色的美感和月夜的情趣；这便是科学的记事文。第二篇，却恰好相反，只能给读者以月色的美感和月夜的情趣，至于月的性质和状态，却一点不曾写到；这是文学的记事文。

作文学的记事文须观察经验，对于材料选择和整理，与作科学的记事文一样。除了这些条件以外，还须特别注意下列各项：

（一）想象

因为文学的记事文，是表现作者所得的印象，所以在记述事物以前，必须将要表现的印象重现于心中，然后执笔。

即如前例关于“月”的文字，内中都是作者曾经目见过的光景，不是凭空假造的。在作这文时，只是将旧有的印象一一在心中再现，然后依样记述。作这类的文字务必依自己所感受的记述，不可依赖成语来堆砌，如说到月，不可便用些“月白风清”“月明星稀”之类的话。这是第一步功夫，也是最难的事；但唯其难能，所以可贵，能够做到，就不愧为作家了。

（二）注意特色

作文学的记事文，虽然要依作者自己所感受的记述，但局部的琐碎记述，不但不能使光景活现，并且不能使人得到所记述的事物的深刻的印象；所以必须捉住特色，舍弃其余，任读者自己补足。例如记述人物，把他的眉毛、眼睛、鼻头都记上几百字，分裂、琐碎，令人看了就要莫名其妙，不能使所记的人物的状貌在读者心中活现了。现从小说中找几条例来看：

> 第一个肌肤微丰，身材合中；腮凝新荔，鼻腻鹅脂；温柔沉默，观之可亲。第二个，削肩细腰，长挑身材，鹅蛋脸儿，俊眼修眉，顾盼神飞，文采精华，见之忘俗。
>
> ——《红楼梦》第三回

这马兵都头姓朱名仝，身长八尺四五，有一部虎须髯，长一尺五寸，面如重枣，目若朗星，似关云长模样，满县人都称他美髯公。……那步兵都头姓雷名横，身长七尺五寸，紫棠色面皮，有一部扇圈胡须，为他膂力过人，跳二三丈阔涧，满县人都称他做插翅虎。

——《水浒传》第十二回

她身材不甚高大，胸脯十分丰满……脸显得特别的白，这种样子真和久居家中闭户不出的人的脸色相同，仿佛番薯深藏地窖里所变成的颜色一般。她双手十分阔，却不很大；头颈从大衣领里透出来，显得又白又胖。在她那雪白光泽的脸上一双又黑又亮的眼睛不住的闪动，眼神虽然显出十分疲乏的样子，却还有活泼气象，内中有一只眼睛略为斜一点。

——《复活》第一章

这三个例，第一、二个虽是旧式的描写法，但寥寥数言中，却能表出迎春和探春、朱仝和雷横的状貌。第三个，也足以表现一个堕落了而久居监狱的女子的神气。所以能够这样，就是捕捉了特色的缘故。

（三）抒述心情

要使所记述的事物在读者心中活跃，不但须记述客观的事物，还须记述主观的心情。换句话说，就是须记述从感觉上得来的印象。所以要作好的文字，非对于事物有锐敏的感觉不可。例如：

> 夏天的太阳已经下了山；跟着就要睡去的树林中，满了森然的寂寞；建筑用的大松的树梢上，反映着就快烧完的晚红，还带着些红光，下面却已经薄暗，带着些湿气了。好像从树林蒸发出来的又干又触鼻的香气，微微地可以闻得。从远山野火飘来可厌的烟气，夹杂在香气中，却分外地强烈，柔软的夜，不知在什么时候无声无响地落到地上了。鸟到太阳没落，也停止了声音，唯有啄木鸟还用了很倦怠的音调，在那里发梦呓似的单调的微音。
>
> ——《泥沼》

读了这段文章，那夏日傍晚松林中的一种蒸郁寂寞的景象，好像目见身历了。感觉在近代文学上有重要的地位，文字上能加入感觉，就有生气。与其说“寒风吹着面孔”，不如说“寒风刀刮似的吹着面孔”；与其说“麦被风吹动”，不如说“麦被风吹得浪一般地摇动”。因为后者比前者有生气，容易使读者得着印象。我国从来的文章都只记事物，不记情感，实是很大的缺点。

这里所应当注意的，就是所记述的感觉并不是故意加入的事。作者对于事物果能精密地观察，对于记述果能诚实不欺，心情和感觉自然会流露于笔端。如果只是将这一类的辞硬加上去，不但不好，而且可厌。旧式文章中，凡记述风景的时候，末尾常附加“诚胜地也”或“呜呼叹观止矣”之类的文句，记述悲惨的人事的时候，末尾必加“呜呼可以风矣”或“噫不亦悲夫”一类的文句。其实，是否“胜地”，能否算得“观止”，“可风”“不可风”，“堪悲”“不堪悲”，都要读者自己去领略的，不能由作者硬用主观的意见作命令式的强迫。因此这方法现在已不适用，特别在纯文学上不能适用。

（四）使用含着动作的词句

含着动作的词句，比较地容易引起读者的印象。例如：与其说“门前有小河，隔岸有高山”，不如说“门前流着小河，隔岸耸着高山”；与其说“海边有鹤”，不如说“海边有鹤飞过”。

不但这样，凡要表示事物，必须在事物有动作的时候，不可在它静止的时候。例如记述学校，必须记它授课或散课的时候；记述城市，必须拣它人马杂沓的时候；记述人物，必须在他言语动作的时候。例如：

> 大学生缓缓地懒懒地走着，将手掠着大麦的顶，叫天子和冠雀在他脚边飞起，又像石子一般地落在密生的大麦丛里。
>
> ——《诱惑》
>
> 太阳光正攻击着树林，从繁茂的顶叶上穿过，直用那温

和的光亮射在白杨的树干上，竟使这些树干变成松树的干子一般，树叶也都变成蓝色。上面笼罩着蓝白的天，晚霞照着，带了点胭脂的颜色，燕儿高高的飞着，风儿几乎死去了；怠惰的蜜蜂懒洋洋睡沉沉在丁香花上飞着；白蚋虫成群的在单独的远延的树枝上打着旋。

——《父与子》

练习

就下列各题作短文：

（1）春的田野

（2）元旦的上午

（3）秋的傍晚

第二章　叙事文

一　叙事文的意义

记述人和物的动作、变化，或事实的推移的现象的文字，称为叙事文。例如：

宝钗与黛玉回至园中。宝钗因约黛玉往藕香榭去，黛玉因说还要洗澡，便各自散了。

——《红楼梦》第三十六回

（人的动作）

汽笛曼声的叫了。汽船画圆周，缓缓的靠近埠头去。

——《省会》

（物的变化）

叙事文原和记事文一样，同是记述事物的文字；不过记事文以记述事物的状态、性质、效用为主；而叙事文以记述事物的动作、变化为主。所以记事文是静的，空间的；叙事文是动的，时间的。例如：

（一）牵牛花有红的，紫的，颜色虽很美观，但少实用。

这是述说牵牛花的形状和性质的，是记事文。

（二）院里的牵牛花，红的，紫的，都很鲜艳地开了。

这是述说牵牛花的变化的，是叙事文。

二　记事文和叙事文的混合

文体的分类原只是为说明便利和作者自身态度不同，实际上并没有纯粹属于某种体裁的文字，记事文和叙事文虽因所记述的对象不同而有区别，在一篇关于事物的记述的文字中，总是互相混杂的。例如：“今天开了三朵牵牛花（叙事），一朵是红的，两朵是蓝的（记事）。”如果改成“今天一朵红的和两朵蓝的牵牛花开了”，便是纯粹的叙事文（甲）；又若改为“今天开的三朵牵牛花，一朵是红的，两朵是蓝的”，就是纯粹的记事文了（乙）。因为（甲）的目的在使读者知道牵牛花的变化，而（乙）的目的在使读者知道牵牛花的状态。

总之叙事文和记事文，只是作者依旨趣和记述的对象不同，试将下例玩味其记叙混合的样子，就可更明白了。

翌晨，玛尔可负了衣包，身体前屈着，跛着脚，行入杜克曼布（叙）。这市在阿根廷共和国的新辟地中算是繁盛的都会（记），玛尔可看去，仍像是回到了可特准、洛赛留、培诺斯爱列斯一样（叙）。依旧都是长而且直的街道，低而白色的家屋。奇异高大的植物，芳香的空气，奇观的光线，澄碧的天空，随处所见，都是意大利所没有的景物（记）。进了街市，那在培诺斯爱列斯曾经验过狂也似的感想，重行袭来。每过一家，总要向门口张望，以为或可以见到母亲。逢到女人，也总要仰视一会，以为或者就是母亲。要想询问别人，可是没有勇气大着胆子叫唤。在门口立着的人们都惊异地向着这衣装褴褛满身尘垢的少年注视。少年想在其中找寻一个亲切的人，发他从胸中轰着的问话。正行走时，忽然见有一旅店（叙），招牌上写有意大利人的姓名。里面有个戴眼镜的男子和两个女人（记）。玛尔可徐徐地走近门口，振起了全勇气问："美贵耐治先生的家在什么地方？"（叙）

——《爱的教育·六千里寻母》

练习

试将下文的叙事和记事的部分分析出来：

伊的避暑庄边有一个小小的丘样的土堆，汽船在这前面经过。每逢好天气，伊便走到那里，白装束，披着长的卷螺发，头上戴一顶优美的夏帽子。伊躺在丘上面，用肘弯支拄起来，将衣服安排好许多的襞积，卷螺发的小团子在肩膀周围发着光，而且那一只手，那支着脸的，是耀眼的白。在自己前面伊摊着一本翻开的书；但眼光并不在这里，却狂热的射在水面上。伊这样的等着伊的豪富的高贵的新郎，伊的幻想的目的。只要他在船上，他便应该看出伊在山上的了。他们看见而且感动而且赶到伊这里来，那只是一眨眼间的事。

——《疯姑娘》

三　叙事文的四大要素

照物理学的说法，一切的现象都含有四个要素：物质、能力、时间、空间。譬如“今天上午八点四十分火车从江湾开出”

这一个现象，“火车”是物质，“开出”是能力的作用，“今天上午八点四十分”是时间，“江湾”是地方。叙事文既是记述现象的，所以也有四个要素：（一）现象的主体；（二）现象的演变；（三）现象发生的时间；（四）现象发生的场所。例如：

那日正当三月中浣，早饭后，宝玉携了一套《会真记》，走到沁芳闸桥那边桃花底下一块石头上坐着，展开《会真记》从头细看。正看到“落红成阵”，只见一阵风过，树上桃花吹下一大斗来，落得满身满书满地皆是花片。宝玉要抖将下来，恐怕脚步踏践了；只得兜了花瓣来至池边，抖在池内。那花瓣浮在水面，飘飘荡荡竟流出沁芳闸去了。回来，只见地下还有许多花瓣。

——《红楼梦》第二十三回

这一段叙事文虽然很短，所有的要素都完全了；分列如下：

（一）主体 宝玉。

（二）事实 看《会真记》，收拾落花。

（三）时间 三月中浣某日早饭后。

（四）场所 沁芳闸桥。

四　确定旨趣，有的放矢

叙事文和记事文一样，对于材料须有所选择。选择的标准，除记事文所说的“适切题目”和“注意特色”以外，还因文的目的而定。这个目的在叙事文中就是主想，大体有三类：

（一）以授与教训为主例，如传记等。

（二）以授与知识为主例，如历史等。

（三）以授与趣味为主例，如小说等。

因了主想的不同，材料选择取舍的标准也就不一样。即如要叙述岳飞的事迹，作第一类的叙事文，应当对于他的家教、性行、轶事、格言等详加叙述，而于他的生卒年月、生的地方、官职、战功等却用不着详说。作第二类的叙事文却恰好相反，生卒年月等应当详尽，家教、轶事等只得省略。至于作第三类的叙事文，不但材料的选择不同，并且叙述的方法也就相异。《少年丛书》中的岳飞是第一类叙法，《宋史》中的岳飞是第二类叙法，《说岳传》中的岳飞是第三类叙法。总括一句，第一类以善为主，第二类以真为主，第三类以美为主。

自然，这种分类不过是就概括的旨趣说，同一文字有兼两种色彩，或竟兼三种色彩的，不过多少总有所偏重；这偏重的地方，便是一篇文字重要的目的，也就是主想。

作叙事文的时候，材料搜集好了，就要确定主想。主想一定，然后将材料依主想来选择，与主想有关系的便取，无关系的就舍。但有一点须注意，就是同一材料应当取舍，不是材料本身的重要与否的问题，而是与主想的关系重要与否的问题。

例如以《夏日游海边记》为题，而主想是“这日很热，到了海边真凉快”，假定全体材料中有下列各项：

（一）同行某君，他的父亲是个文学家。

（二）我坐了人力车到火车站。

（三）在车站买了车票，然后上车。

（四）火车逢站都停。

就一般的情形说，这种材料本身实不很重要，而于本文的主想的关系也不深，但如果还有别的材料相关联，因而发生重要关系的时候，却就都有用了。如文章像下面的时候，这种材料就用得着：

因为太热，并且我是病后，所以坐了人力车到车站（二）。好像我的车慢了，到车站的时候，车已要开，我就急忙买了车票，飞跑上车（三）。这部是慢车，每站都停，车中又热，烦躁极了（四）。同行某君是某文学家的儿子，很有文学趣味，一路和他谈论文学上的事，免了不少的寂寞（一）。

这样的叙述，所有好像不必要的材料都因了别的材料引到与主想关系重要的地位，就成为有用的了。反之如海边的人口若干，海边的故事、古迹等等，如无别的关联，就不是重要的材料。

练习

就下列各题作文：

（1）游西湖记

（2）诸葛亮（参考《少年丛书》《平民小丛书》等）

五 切入角度，决定文章的精彩度

叙事文所叙述的材料，不但是从作者自己经验得来，还有从别人的传说或书籍的记载得来的。材料的来处既然不一，或从甲面说，或从乙面说，当然不能一致。将许多材料连缀成文的时候如果也这样混乱，文章就有头绪不清、不易了解的毛病。即以《三国志》一书而论，关于诸葛亮伐魏的事，有时说“丞相出师”，有时说“诸葛亮入寇”，就各段分开来看，固然没有什么不合的地方。但就作者陈寿一个人的笔下而论，一个是以蜀为主体，一个是以魏为主体，居然有两样的观察点，就未免不当了。叙事文的观察点，就是作者所站的地位，可分为三种。

（一）居于发动者一边

例如说“丞相出师”，就是以发动者的蜀为观察点的。

（二）居于受动者一边

例如说“诸葛亮入寇”，就是以受动者的魏为观察点的。

（三）居于旁观者一边

例如说“诸葛亮出师略魏”，就是以旁观者的地位为观察点的。

作叙事文须确定一种的观察点，全篇统一，不应摇动。通常的叙事文，以居于旁观者的地位的居多。但在旁观者的地位，作者对于各方面也要保持观察点的一致，不可随意变更。

（例一）

> 杨幺乘舟湖中，兵在楼上发矢石（1），官军仰面攻之，见舟而不见人，因而失败。岳飞下令伐君山的树为巨筏，塞满港汊，又用腐木乱草由上流放下，布置稳当，才和杨幺开战（2）。杨幺船遇了草木，轮不能鼓动，贼奔走港中，又被木筏所拒，因被牛皋捉着，诸贼皆降（3），果然八日就打平了（4）。
>
> ——《平民小丛书·岳飞》

这段本是以旁观的地位来记述的，却是观察点变了几次，（1）从杨幺方面，（2）从岳飞方面，（3）再从杨幺方面，（4）又从岳飞方面，逐条错乱，文字使人觉得繁杂不堪。若以杨幺方面为主改成下面的（一），或以岳飞方面为主改成下面的（二），那么文气就一致了。

（一）杨幺乘舟湖中，兵在楼上发矢石，使官军仰面来攻，见舟不见人，因而致胜。后来又和岳飞打仗，战船遇了岳飞从上流放下来的腐木乱草，轮不能鼓动；奔走港中，又被岳飞伐君山的树所做的巨筏所拒，就被牛皋捉着，部下皆降。

（二）官军因杨幺乘舟湖中，兵在楼上发矢石，仰面攻之，见舟而不见人，乃失败。岳飞下令伐君山的树为巨筏，塞满港汊，又用腐木乱草由上流放下，布置妥当，才和杨幺开战。草木既遇杨幺的船，使轮不能鼓动，逼之奔港中。而木筏又拒不令进。牛皋就将杨幺捉着，并招降诸贼。果然八日就打平了。

（例二）

紫鹃在屋里，不见宝玉言语，知他素有痴病，恐怕一时实在抢白了他，勾起他的旧病，倒也不好了；因站起来，细听了一听，又问道："是走了还是傻站着呢？有什么又不说？尽着在这里怄人！已经怄死了一个，难道还要怄死一个么！这是何苦呢？"说着，也从宝玉舐破之处往外一张。见宝玉在那里呆听，紫鹃不便再说，回身剪了剪烛花。忽听宝玉叹了一声道："紫鹃姐姐！你从来不是这样铁心石肠，怎么近来连一句好好儿的话都不和我说了？我固然是个浊物，不配你们理我；但只我有什么不是，只望姐姐说明了，哪怕姐姐一辈子不理我，我死了倒做个明白鬼呀！”紫鹃听了，冷笑道：“二爷就是这个话呀！还有什么？若就是这个话呢，我们姑娘在时，我也跟着听俗了；若是我们有什么不好处呢？我是太太派来的，二爷倒是回太太去。左右我们丫头们，更算不得什么了！”说到这里，那声儿便哽咽起来，说着，又擤鼻涕。宝玉在外知他伤心哭了，便急的跺脚道：“这是怎么说？我的事情。你在这里几个月，还有什么不知道的？就是别人不肯替我告诉你，难道你还不叫我说，教我憋死了不成！”说着，也呜咽起来了。

——《红楼梦》第一百十三回

这文中，除末了“宝玉在外，知他伤心哭了，便急的跺脚道：‘这是怎么说？……’说着，也呜咽起来了”一段外，都是从紫鹃方面说的。如果把这段改为：“只听得宝玉在外，好像知他伤心哭了，急的跺脚道：‘这是怎么说……’说着，也呜咽起来了。”那就全体都是从紫鹃方面叙述了。

（例三）

从前阿拉伯地方，有一个养骆驼人家的儿子，名叫亚利，因为有要事要和他在斯哀治的父亲接头，骑了骆驼，带了水瓶，附队商出发。一路上队商彼此谈谈说说，亚利却只有自己的骆驼和他做朋友。他恨不得就看见他的父亲。

热带的太阳，火一样地照着沙漠。遇着难得的有树木和泉水的地方，大家就在此休息，解渴，再把水装满了水瓶，然后出发。夜了就在帐篷中住宿。

这样到了第四日，正午忽然起了大风，把砂吹得满天，走不来路，大家只得中止进行。后来风息了，砂也不飞了，却是出了一桩极大的困难，原来以前是依着骆驼的足迹走的，经过大风以后，骆驼的足迹如数消灭，方向也认不清楚，大家走来走去，总是找不出路来。这时候水瓶中的水已经完了，没法再得水，大家都弄得没有方法了（以上是从亚利一面说的）。

天夜了，队商中一人说："如果明日还不能寻得有水的地方，那么只有把骆驼来杀掉一匹，吃它肚里的水了。"别一个见亚利奔波以后倦睡了，便说："与其杀别个的骆驼，还是杀那小儿亚利的吧。"这样二人在那里商量（观察点转到队商方向去了）。

亚利倦睡中，听见有人说他的名氏，便仍装了睡着的样子细听。听得二人在那里商量要杀他的骆驼，大惊，他想："如果与他们同伴，骆驼就要被他们杀死。"不能再犹豫了，等到他们睡熟，就偷偷地把骆驼牵出，骑着逃了。

天上照耀着无数的星。亚利因他叔父的平常指示，略晓得关于星辰的事情，大略地知道何星在南，何星在北，他凭着了他这点的知识，定了一个方向，鞭着骆驼前进。

在这样试探方向的当中，天渐渐地亮了；忽见砂上有骆驼新行过的足迹。亚利得了这骆驼足迹的帮助，一直向南走，到了傍晚，隐约地看见前面有火光，急上去看，见有一群队商，在那里张幕野宿，亚利即从骆驼跳下，和他们讲自己受困的情形，请求他们和他同伴（观察点又转到亚利方面来了）。队商听了亚利的告白，大家都感动起来，允了亚利的要求（观察点转到队商方面去了）。在斯哀治的父亲，早几天就晓得亚利要来，等得不耐烦起来了，恰好有还乡的朋友，就同伴回来，想在路上碰见亚利（观察点转到亚利父亲方面去了）。

亚利得了新同伴，就安了心，忽然听得许多骆驼的足音，见又有一群旅客从南方来了。这群旅客之中，有一个就是他的父亲，亚利意外地得着父子相遇，不觉悲喜交集了！

亚利和父亲无恙归家，把路上一切始末，详告他的母亲（观察点又转到亚利方面来了）。

亚利的母亲自从送亚利出门以后，心中怀着各种的忧虑，听了亚利的话就很欢喜，称赞亚利的勇气（观察点转到亚利的母亲方面去了）。

这篇文字，观察点变动了好几次，如果要专从亚利方面说，那么第四段以后的文字应该改作如下：

天夜了，亚利奔波以后，正倦睡着，忽然从睡梦中听见同伴队商的话声，一人说："如果明日还不能寻得有水的地方。那么只有把骆驼来杀掉一匹，吃它肚里的水了。"又一人说："与其杀别个的骆驼，还是杀那小儿亚利的吧。"

亚利听了这一番话，心里想道："如果与他们同伴，骆驼就要被他们杀死，不能再犹豫了！"于是等到他们睡熟时候，就偷偷地把骆驼牵出骑着逃了。

天上照耀着无数的星，亚利因他叔父平日的指示，略晓得关于星辰的事情，大略地知道何星在南，何星在北，他凭着了他这点的知识，定了一个方向，鞭着骆驼前进。

在这样试探方向的当中，天渐渐地亮了，忽见砂上有骆驼新行过的足迹，亚利得了这骆驼足迹的帮助，一直向南走；到了傍晚，隐约地看见前面有火光，急上去看，见有一群队商，正在那里张幕野宿。亚利急从骆驼跳下，和他们讲自己受困的情形，请求他们和他同伴。亚利的告白很感动了队商，他的请求也被他们许可了.

亚利得了新同伴，正安着心，忽然听得许多骆驼的足音，见有一群旅客从南方来了。这群旅客之中，不料有一个就是他的父亲，后来晓得他父亲在斯衰治早知亚利要来，等得不耐烦起来了，恰好有还乡的朋友，就同伴回来，想在路上碰见亚利的。亚利意外地得着父子相遇，不觉悲喜交集了。

亚利和父亲无恙归家，把路上一切始末，详告他的母亲，他的勇气大被母亲称赞。

这样改作以后，观察点一致，文字就一气，不犯繁滞的毛病了。叙事文原是把事件来展开使人看的，性质好像戏曲。观察点的变动，就是戏曲中幕的更动，戏曲中幕不应多变，叙事文的观察点也不应多变。

叙事文因观察点不同，对于同一材料，可作成各方面的文字。这步功夫，在学作叙事文上很是重要。有这样功夫的作者，对于一件事就能理解要从哪方面叙述才省事。

练习

下面的例，是以旁观者的态度作的文字。试置观察点于裁判官方面，把它改作成一篇裁判官写给朋友的信。

有一位富人，向朋友讨债。这位朋友说并不曾借钱，想把债赖了。富人不得已，诉诸法庭。裁判官问原告："你在何处借钱给他？"原告回答说："在某处大树下。"裁判官说："那么要叫大树来做证人了。"就命法吏执行召唤证人的手续。停了一会，裁判官对着表，独自说："证人就快来了。"这时被告不觉自语道："从这里到那棵大树，有六七里路，恐怕没有这样快吧！"裁判官听了这话，就说："你晓得大树所在的地方，这就是你曾经受过钱的证据。"于是把这案判决如下：

"被告曾经向原告借钱，已自身证明，因此，被告应该把钱还给原告。"

六　写作的蒙太奇，多角度更立体

照前节所说，叙事文的观察点不应变更，使文气一致而不散漫、冗繁。但这只是一般的原则，在长篇的或复杂的叙事文，要将各方面的情形都表现得适当，却不得不变动。大概，事实的间接叙述比直接叙述不易生动，所以在两件或多件事实有相同的重要，而只从一个观察点出发要将各方面都表现出来又非常困难时，观察点就不得不变动了。例如：

亲家再三不肯，王玉辉执意，一径来到家里，把这话对老孺人说了。老孺人道："你怎的越老越呆了！一个女儿要死，你该劝他，怎样倒叫他死？这是什么话说！”王玉辉道：“这样死，你们是不晓得的。”老孺人听见，痛哭流涕，连忙叫了轿子去劝女儿了。

王玉辉在家依旧看书写字，候女儿的消息。

老孺人劝女儿，哪里劝得转，一般每日梳洗，陪着母亲坐，只是茶饭全然不吃。母亲和婆婆着实劝着，千方百计，总不肯吃，饿到六天上，不能起床。母亲看着伤心惨目，痛入心脾，也就痛倒了，抬了回来，在家里睡着。又过了三日，二更天气，几个火把，几个人来打门，报道：“三姑娘饿了八日，在今日午时去世了！”

——《儒林外史》第四十八回

这段文的目的，虽是在写出一个中了礼教的毒的人为虚荣忍心看着自己的女儿饿死；但王玉辉、老孺人和他们的女儿三个人的情况，都同样重要。并且，假定从王玉辉一方面叙述，那么老孺人劝女儿和女儿未死前的各种事情都无从表现，或难于表现；就是从别一方面叙述，也同样地不能周到。在这种时候，观察点虽变动了好几处，也是应当的。

叙述一件事，哪几方面的关系重要，以及哪些应当表现，哪些不应当表现，全依事件的性质，由作者自己的意见去判断，没有一个简明的标准。凡是有剪裁功夫的作者，当然能够得到这种标准的。上面所举的例，也可以说是有剪裁功夫的。

七　叙述的快慢：写意画和工笔画

叙事文的对象是事物的现象的展开，这展开的情形被叙述成文字的时候，就成了文字上的流动。现象的展开不止，文字的流动也就仍然继续，所以流动是叙事文的特色。

一件事的展开虽有一定的速度，但叙述这件事的文字，它的流动却有快慢。将事件展开的情况绵密地叙述，把事件中各方面详细地描写的，是慢的叙事文，只述事件的概要，和其中各方面的大意的，是快的叙事文。例如：

宋江起身净了手，柴进唤一个庄客，提碗灯笼，引领宋江东廊尽头处去净手，便道："我且躲杯酒。"大宽转穿出前面廊下来，俄延走着。却转到东廊前面，宋江已有八分酒，脚步趄了，只顾踏去。那廊下有一个大汉，因害疟疾，当不住那寒冷，把一锨火在那里向。宋江仰着脸，只顾踏将去，正跐在火锨柄上；把那火锨里的炭火都掀在那汉脸上。那汉吃了一惊，惊出一身汗来。那汉气将起来，把宋江劈胸揪住，大喝道："这是什么鸟人！敢来消遣我？"宋江也吃一惊，正分说不得，那个提灯笼的庄客慌忙叫道：“不得无礼——这位是大官人最相待的客官！”那汉道：“‘客官’，我初来时也是客官！也曾最相待过！如今却听庄客搬口，便疏慢了我，正是‘人无千日好！’”，却待要打宋江，那庄客撇了灯笼，便向前来劝。正劝不开，只见两三碗灯笼飞也似来，柴大官人亲赶到说：“我接不着押司，如何却在这里闹？”那庄客便把跐了火锨的事说了一遍。柴进笑道：“大汉，你不认得这位奢遮的押司？”那汉道：“奢遮杀，问他敢比得我郓城宋押司，他可能？”柴进大笑道：“大汉，你认得宋押司不？”那汉道：“我虽不曾认得，江湖上久闻他是个及时雨宋公明——是个天下闻名的好汉！”柴进问道：“如何见得他是天下闻名的好汉？”那汉道：“却才说不了，他便是真大丈夫，有头有尾，有始有终！我如今只等病好时，便去投奔他。”柴进道：“你要见他么？”那汉道：“不要见他说甚的？”柴进道：“大汉，远便十万八千里，近便只在面前。”柴进指着宋江便道：“此位便是及时雨宋公明。”那汉道：“真个也不是？”宋江道：“小可便是宋江。”那汉定睛看了看，纳头便拜，说道：“我不信今日早与兄长相见！”宋江道：“何故如此错爱？”那汉道：“却才甚是无礼，万望恕罪，有眼不识泰山！”跪在地下哪里肯起来？宋江忙扶住道：“足下高姓大名？”

——《水浒传》第二十二回

这是慢的叙事文。

宋江因躲一杯酒，去净手了，转出廊下来，跐了火锨柄，引得那汉焦躁，跳将起来，就欲要打宋江。柴进赶将出来，偶叫起宋押司；因此露出姓名来。那大汉听得是宋江，跪在地下哪里肯起？说道："小人有眼不识泰山，一时冒渎兄长，望乞恕罪。"宋江扶起那汉问道："足下是谁？高姓大名。"

——《水浒传》第二十三回

这段所叙的事实和前段相同，只是简单得多，这是快的叙事文。

快的叙事文，以叙述事件的轮廓为目的；慢的叙事文，以叙述事件的情况为目的。两者的分别，正和中国画的写意画和工笔画相同。大体说来，小说属于慢的一类，历史属于快的一类。莎翁的剧本是慢的，兰姆兄妹所作的《莎翁乐府本事》就快了。《三国志》是快的，《三国演义》就慢了。

八　不要让文章成为“死水”

叙事文的特色既然在流动，所以不但这流动须快慢适当，还须慎防中止。所谓流动中止，就是由时间的、动的叙事文，突然转到冗长的、空间的、静的记事文；或插入说明，使动态一时停滞。

（例一）

原来王夫人时常居坐宴息亦不在这正室，只在东边的三间耳房内，于是老妈妈引黛玉进东房来。临窗大炕上铺着猩红洋毯，正面设着大红金线蟒引枕，秋香色金线蟒大条褥。两边设一对梅花式洋漆小几；左边几上文王鼎、匙、箸、香盒，右边几上，汝窑美觚，内插着时鲜花卉，并茗碗、茶具等物。地面下，西一溜四张椅子上都搭着银红撒花椅袱，底下四副脚踏；两边又有一对高几，几个茗碗花瓶俱备；其余陈设，不必细说。

——《红楼梦》第三回

这段文中，除了第一句是叙事文以外，流动全然中止，以后都成了王夫人房中的记事文。若非把这一大节叙上不可，应当将所记的情况都改成由黛玉眼中看出的，而将末了“其余陈设，不必细说”的话删去，那么流动就没有停滞了。

（例二）

> 蒋门神见了武松心里先欺他醉，只顾赶将入来。说时迟，那时快；武松先把两个拳头去蒋门神脸上虚影一影，忽然转身便走。蒋门神大怒抢将来，被武松一飞脚踢起，踢中蒋门神小腹上，双手按了，便蹲下去。武松一踅，踅将过来，那只右脚早踢起，直飞在蒋门神额角上，踢着正中，望后便倒。武松追入一步，踏住胸脯，提起这醋钵儿大小拳头，望蒋门神头上便打，（原来说过的，打蒋门神扑手：先把拳头虚影一影，便转身，却先飞起左脚；踢中了，便转过来，再飞起右脚；这一扑有名，唤做“玉环步，鸳鸯脚”。——这是武松平生的真才实学，非同小可！）打得蒋门神在地下叫饶。
>
> ——《水浒传》第二十八回

这段文中，括弧内的话都是作者所加的解释，这种说明加到叙事文中，也是使流动停滞的原因，若删去了，流动便连续不断，极有生趣。

九 顺叙和倒叙

叙事文是把事物的变化来展开的，所以流动的方向也有两种：第一种，照那变化自然的顺序，依次叙述，这是顺的；第二种，因为要叙明变化的前因后果，或并行的事件，不能全然依照自然的顺序而要有所颠倒，这是逆的。例如：

> 天气很冷，天下雪，又快要黑了，已经是晚上——是一年最末的晚上。在这寒冷阴暗中间，一个可怜的女孩光着头，赤着脚，在街上走。伊从自己家里出来的时候，原是穿着鞋，但这有什么用呢？那是很大的鞋，伊的母亲一直穿到现在，鞋就有那么大。这小女孩见路上两辆马车飞奔过来；慌忙跑到对面时鞋都失掉了。一只是再也寻不着，一个孩子抓起那一只，也拿了逃走了。他说：将来他自己有了小孩，可以当作摇篮用的。所以现在女孩只赤着脚走，那脚已经冻得全然发红发青了。在旧围巾里面，伊兜着许多火柴，手里也拿着一把，整日没有一个人买过伊一点东西，也没有人给伊一个钱。
>
> ——《卖火柴的小女孩》

今年盐政点的是林如海。这林如海姓林名海，表字如海，乃是前科的探花；今已升兰台寺大夫，本贯姑苏人氏；今点为巡盐御史，到任未久。原来林如海之祖曾袭过列侯，今到如海，业经五世。起初只袭三世，因当今隆恩圣德，额外加恩，至如海之父又袭一代，至如海便从科甲出身。

——《红楼梦》第二回

这两例中有好几处是逆行的。逆行虽有不得不用的时候，初学的人却宜注意，大概在普通的叙事文是用不到的。

练习

（1）试将读过的叙事文，举两个观察点变动的例。

（2）试将读过的慢的叙事文举出一篇改成快的。

第三章　说明文

一　说明文的意义　/　二　怎样开头一见倾心

三　条分缕析，下好定义　/　四　学会做减法

一　说明文的意义

解说事物，剖释事理，阐明意象；以便使人得到关于事物、事理或意象的知识的文字，称为说明文。例如：

> 一旁是字的形，一旁是字的声，所以叫作形声。
>
> ——《中国文化的根源和近代学问的发达》
>
> 科学的起源，不是偶然发见的，因为人类是有理性的动物，有种种心理的根据，所以发生科学。
>
> ——《科学的起源和效果》

说明文的性质，有时好像和科学的记事文相同，有时又好像和叙事文类似；其实全不一样。

说明文和科学的记事文有什么区别呢？最重要的一点，就是对象的范围不同。科学的记事文虽也是以记述事物的状态、性质、效用为主；但以特殊的范围为限，是比较具体的；说明文以普遍的范围为对象，是比较抽象的。如第二章第一节所举的例，第一个是记述一枝梅花的状态，第二个是记述屋内一部分的陈设，第三个是记述一个人的性质。范围既狭，所记述的也比较具体，使人读了自然可以就得到那些知识。但若要讲到“植物”“房屋的构造”和“人类的通性”等一般的事实，以及抽象的事理如“文学的意义”“实验主义”等，范围就扩大得多，不是记事文所能胜任的了。

说明文和叙事文的分别比较容易。关于事实的说明，对象虽和叙事文相同，但形式全然相异。如“今天上午八点四十分火车从江湾开出”，是叙事文的形式；而“火车从江湾开到上海是在今天上午八点四十分”，便是说明文的形式。还有一个区别，叙事文可带作者主观的色彩，说明文却不许可。

二　怎样开头一见倾心

说明文本来是用较浅近明了易于理解的文字去解明事物或事理，使它的关系明了，范围确定，意义清晰，给人以关于该事物或事理的普遍的正确的知识，所以用途很广。教师的讲义，科学的教科书，大半是说明文，固不必说；就是学术上的定义，字典上的解释，古书上的注解，事实真相的传达，凡足以使人得到明确的观念和理解的，都要用到说明文。

说明文的题式通常有疑问式和直述式两种：

（一）疑问式

（甲）书籍是什么？（乙）何谓文学？（丙）科学怎样起源的？

（二）直述式

（甲）书籍；（乙）文学；（丙）科学的起源。

在古文中还有用“说”字或“原”字加到题上的，如“士说”“原君”之类；但文中多羼入议论，所以不能因题式而判断文体。

三　条分缕析，下好定义

说明文最简单的形式，就是单语的定义；复杂的说明文，无非是单语的定义的集合和它们的引申。先就单语的定义来讨论。

例如，“人是有理性的动物”是规定“人”的意义的，就是用“有理性的动物”六个字合起来说明“人”的概念。在这六个字中，又可分成两部分：一，“动物”；二，“有理性的”。“动物”是“人”所属的类；“有理性的”是“人”在所属的类中所具的特色，就是“人”和所属的类中的其他的东西相差的地方，论理学上叫作种差。所以最简单的说明文的形式是：

类＋种差

但说明文只是这样简单，通常不能就使人明了，非更详尽不可。因为说明文所说明的既不一定简单，而又是对于未知某事物、某事理的人才有作的必要，所以作法上必须的条件便须加多，共有六个，分说如下：

（一）所属的种类

为了要使所说明的事物和其他关系较远的事物分离，所以须述它所属的种类；如要使“人”和植物、矿物等分离，就先说他是动物。又以“书籍”和“书信”为例：

（甲）书籍是印刷物。

（乙）书信通常是手写的。

（二）所具的特色

将所属的种类虽已叙述而能使它和其他关系较远的事物分

离，但还要使它和关系较近的同属于一类的分离，所以必须述它的特色；如要使“人”和一切别的动物分离，必须叙述他的特点——“有理性的”。

（甲）书籍是预备永久保存，给多数人看的。

（乙）书信是处理一时的事情，代谈话用的。

（三）所含的种类

因要内容明了，使人更易理解，而且理解的内容更充实，所以将事物所包含的种类叙述也是必要。但分类原须有一定的标准，所以叙述分类须将所用的标准同时叙出。

（甲）书籍在版本上，有刻版的、铅印的；在装订上，有洋装的、中国装的；在文字上，有洋文的、中文的；在内容上，有关于文学的、关于科学的、关于哲学的等等分别。

（乙）书信因所述事件的关系人的多少，有公信和私信的分别。

（四）显明的实例

文字内将显明的实例举出，则愈加明了。

（甲）英文教科书是洋文的，国语教科书是中文的……

（乙）例如学校通知书和致全体同学书，是公信，问候某君的信是私信。

（五）对称和疑似

单从事物的本身直述，往往不易明了；所以若将对称的，即同属于一类而不是同种的，或疑似的，即好像同种而实不同的事物对照述说，更可使该事物明白显出。学术上的名词大概有对称的，通俗的事物多半有疑似的。

植物是生物中不属于动物的一部分。（对称）

习字纸也是用笔写的，但不以代谈话为目的，所以不是书信。（疑似）

（六）语义的限定

语义因使用而多分歧，作说明文时，如果遇到容易误解的时候——如古语新用之类——非特别加以限定不可。例如：

共和是国家主权在全体人民，行政首长也由人民选出的一种国体，不是周召共和的共和。

上述各项，是说明作文法上的要件，现在以“文学”为题应用各要件，示范如下：

文学是一种艺术（一），换句话说，就是以文字做成的艺术（二）。纯粹的文学通常不以日用为目的（五），因体裁上有小说、诗歌、戏曲等分别（三）。《红楼梦》是小说，《长恨歌》是诗歌，《西厢记》是戏曲（四）。

文学不是普通的文字，也不是科学（六）。韩愈的《原道》，王船山的《读通鉴论》等，不是文学，物理学讲义，化学教科书等，也不是文学（四）。

我国古来，凡是文字都称文学，但是现在的所谓文学完全是小说，诗歌，戏曲的总称，和从前的意义是不同的（六）。

四　学会做减法

说明文原是为未知某事物的人作的。在繁复的说明文，要正确、明晰，固应具备前节所述各条件，但遇某部分确已非常明了的时候，也可以省略。

（一）普通的省略

容易明了而不致误解的事物，或只以使人知道一个概要的，都可以只说大概。例如：

（甲）国家是人类社会组织之最大形体，包容一切社会生活。

——《新学制公民教科书》第一册第六章

（乙）国家是人类为满足需要兴趣而组织的团体，社会也是人类为满足需要兴趣而组织的团体，目的大概相同。但是社会只有人与人的关系，和人所在的土地无关，所以社会成立不限定要占据一定的疆土。人民如果没有一定的疆土，便不能成为国家。

——《政治学大纲》第四章第三节

（甲）和（乙）同是关于国家的说明，（乙）是详细、绵密的说法，（甲）是省略的说法。专门科学的文字都是（乙）类，通常的文字和口头的谈话以（甲）类为多。

（二）因比较而省略

利用读者所已知的事物，两相比较以说明的时候，和已知事物相同的条件，就可省略，这是常用的省略法。例如：

星云和一团云差不多，微亮，挂在空中，极像一缕烟。

日本人民受军阀的苦痛，也和我国一样。

这是利用读者已知的“云”和“烟”来说明“星云”，利用读者已知的“我国军阀的横暴”来说明日本的军阀的。这种方法很有效用，所要注意的就是比拟要恰当，不然，一样地容易引起误解。

练习

试依所讲法则，就下题作说明文：

（1）偶像

（2）革命

（3）山

（4）学校

第四章　议论文

一　议论文的意义

发挥自己的主张，批评别人的意见，以使人承认为目的的文字，称为议论文。

记事文是记述事物的状态、性质的，叙事文是叙述事物的变化的，议论文和它们截然不同，很是明显，最易混同的就是说明文。

说明文关于剖释事理的部分，和议论文很有容易混淆的地方。因为对于一事的内容，真是说得极详尽，那么它的价值怎样？我们对于它应持的态度怎样？都可不言而喻，用不到再加议论了。例如：把“社会主义”的意义、功用、优劣等都说到详尽无余，那么社会主义的可行不可行自然非常明了。又如：将“教育”的含义尽量发挥，那么教育应该怎样？人人应否受教育？也自然可以不必再说，就很明白。

照这样说来，议论文和说明文不是没有差别了吗？这又不然，第一是目的不同。说明文的目的是在使人有所知，议论文不但要使人有所知，还要有所信。

第二是性质不同。试就两者的题式看就可明了。说明文大概用单语为题。如“社会主义”“教育”之类。议论文则用一个命题为题，如“社会主义可行于中国”“教育为立国的根本”之类。一般议论文的题目，虽也有只用单语的，如“男女同学论”“孔子论”等，但不过是形式的省略，若从文章的内容去考察，便知仍是一命题。因为文中不是主张“男女应当同学”，便是主张“男女不应当同学”，不是说“孔子之道已不适于中国”，就是说“孔子之道仍当遵从”。议论文的题目原是文章的根本主张的概括的缩写，所以表面虽是单语，内容依然是命题。

第三是态度不同。说明文比较地偏于客观的，所以虽有时因各人的见解不同，不能人人一致，也有敌论者，但作者并不预计的。议论文却恰好相反，实际上虽未必就有人反对，作者心目中概假定有敌论者立在前面。因为若一切都成了定论，和数学上的公式一样，本来就无议论的必要了。“男女同学”所以还有议论的必要，正因有人主张也有人反对的缘故。

议论文虽和说明文不同，但议论文中用说明文的地方很多。因为没有说明做基础，判断很不容易下，例如要主张“男女应当同学”，那么教育的意义和男女的关系等，都非先加以说明不可。试就下例玩味一下就更可明了了：

> ……但是到了现在，关于女子和文学的观念全然改变了。文学是人生的或一形式的实现，不是生活的附属工具，用以教训或消遣的；它以自己表现为本体，以感染他人为作

用。它的效用以个人为本位，以人类为范围。女人则为人类一分子，有独立的人格，不是别的什么附属物。我们在身心状态的区别上，承认有男子、女子与儿童的三个世界，但在人类之前都是平等。与男女的成人世界不同的儿童，世间公认其一样的有文学的需要，那么在女子方面这种需要自然更是切要，因为表现自己的与理解他人的情思，实在是人的社会生活的要素；在这一点上，文学正是唯一的修养了。

——《女子与文学》

二　明确中心议题

断定用言语或文字表示出来称为命题。议论文实际上就是对于所提出的命题所给的证明——有必要的时候，还加上相当的说明——所以命题是议论文的根本。命题是一个完全的句子（sentence），但一个完全的句子除了表明语句（indicative）外，疑问语句（interrogative）、命令语句（imperative）、愿望语句（optative）、惊叹语句（exclamatory）都不是命题，因为所表示的都不是一个断定，用不到证明。

命题从性质上说，有肯定和否定两种。

（甲）竞争运动应该废止——肯定命题

（乙）竞争运动不应该废止——否定命题

在理论上只有这种形式的句子可以作为议论文的题目，但实际上常有不照这样直写的，（甲）（乙）二项，可有下列各种格式：

甲
- 竞争运动应该废止
- 竞争运动废止论
- 排竞争运动
- 论竞争运动

乙
- 竞争运动不应该废止
- 竞争运动奖励论
- 竞争运动应该保存
- 竞争运动的存废

论题本应是一个命题，就是一个完全的表明语句，但题目除表示论文的主旨外，有时还含有刺激读者的作用。所以如：“女子不该参政吗？”“文化运动不要忘了美育！”“异哉所谓国体问题！”等形式的题目都有；但实际上不过是从“女子应当参政”“文化运动应当注意美育”“非国体问题”变化出来的。

作议论文的第一步，就是认定自己所要提出的命题。命题确定了，然后加以证明。所要注意的就是保持论点，不要变更，使议论出了本命题范围以外。例如“论莎士比亚的文学”，应当只从文学本身立论，不应该牵涉他幼时窃羊的事情。要排斥耶稣的教义，应当只从他的教义本身下攻击，不应该说他是私生子。因为文学和作者的幼时道德各不相关，教义的好坏和立教者的是私生子、非私生子毫无关系。如果要牵涉，就应当先证明两者的关系；必要使人承认幼时道德不好的，长大了也无好文学；私生子不能成伟大的宗教家，然后议论才立得住，不然总是谬论。这种毛病在批评别人的主张的时候较多，往往以攻击私人为压倒对手的武器。其实就是对手因为私德上受指斥不敢再答辩，也不是他的主张失败的证据。

三　巧用反证更可信

命题既经认定，就应当加以证明，证明可分两种。

（一）直接证明

即是对于一种主张，找出积极的理由来证明。例如：

孟子曰："不仁哉梁惠王也！仁者以其所爱，及其所不爱；不仁者以其所不爱，及其所爱。"公孙丑曰："何谓也？""梁惠王以土地之故，糜烂其民而战之；大败，将覆之，恐不能胜，故驱其所爱子弟以殉之。是之谓：以其所不爱，及其所爱。"

——《孟子·尽心》

这篇的主旨是说梁惠王不仁，而用"以其所不爱，及其所爱"的事实来证明。

（二）间接证明

就是所谓反证，对于一种主张，先证明对方面的谬误，使自己所说的牢固。例如：

……孟子曰："世俗所谓不孝者五：惰其四支，不顾父母之养，一不孝也；博弈，好饮酒，不顾父母之养，二不孝也；好货财，私妻子，不顾父母之养，三不孝也；从耳目之欲，以为父母戮，四不孝也；好勇斗狠，以危父母，五不孝也：章子有一于是乎？"

——《孟子·离娄》

这篇的主旨是说匡章是孝子，而用他没有不孝的事实来证明。

大概，发表自己的主张，不能不有直接的证明；反驳他人的议论，间接证明最有用。例如，有人主张“足球应当废止”，他所持的理由是“足球危险”，就可用间接证明法反驳如下：

> 足球危险，不错。但是，世间危险的事情很多，火车也危险，飞机也危险。如果因为危险就应当废止，那么，火车、飞机也应当废止了；这是很不合理的。

用这种反驳法应当要注意对手的论点变更。若主张“足球应当废止”的人，因为这个驳议而声明说：“火车、飞机虽危险，但有用它们的必要，非足球可比的。”他的根据已全然变更了，最初的理由是“足球危险”，后来的理由是“足球危险而且非必要”，所以应当认为新论。

四 演绎法、归纳法和类推法

演绎法、归纳法和类推法，是论证的基本方法。要知道详细，须求之于论理学，这里所讲的只是一个大概。

（一）演绎法

用含义比较广阔的命题作基础，来论证含义较狭的命题，这是演绎法。例如：

学校的功课都应当注意学习，——大前提

音乐是学校的功课，——小前提

故音乐应当注意学习。——断案

这是演绎法最基本的形式，通常称为三段论式；是用含义较广的“学校的功课都应当注意学习”和“音乐是学校的功课”两个命题来证明“音乐应当注意学习”的命题。上列的顺序是论理上的通常的排列法，在文字或语言上，常有变更。试以上式为例：

（1）学校的功课都应当注意学习“的”（大），音乐“既”是学校的功课（小）；所以音乐“也”应当注意学习（断）。

（2）学校的功课都应当注意学习“的”（大），所以音乐“也”应当注意学习“呀”（断），“因为”音乐“也”是学校的功课（小）。

（3）音乐“既”是学校的功课（小），学校的功课都应当注意学习“的”（大），音乐“也就”应当注意学习“了”（断）。

（4）音乐“既”是学校的功课（小），音乐“就”应当注意学习（断），“因为”学校的功课都应当注意学习“的”（大）。

（5）音乐应当注意学习“呀”（断），“因为”学校的功课都应当注意学习（大），音乐“也”是学校的功课（小）。

（6）音乐应当注意学习“的”（断），音乐“既”是学校的功课（小），学校的功课都应当注意学习“啊”（大）。

引号内的字是为句子的顺畅附加的，因为无论在文字上或语言上，常常还一定用很质朴的表明语句。大前提、小前提和断案不但排列的顺序可以变更，常常还有省略。例如：

（1）学校的功课都应当注意学习（大），音乐“也”是学校的功课“呀”（小）！

（2）音乐“既”是学校的功课（小），音乐“岂不”应当注意学习“吗”（断）？

（3）学校的功课都应当注意学习“的”（大），音乐“就”应当注意学习“了”（断）。

（4）音乐“既”是学校的功课（小），“就”应当注意学习（断）。

（5）学校的功课都应当注意学习（大），音乐自然不是例外（断）。

只要意义能够明白，在文章上排列变更，要素省略都无妨。为了文章辞调的关系将命题的形式改换也是必要。但若要检查议论的正否，却须依式排列。例如：

（1）桀纣之失天下也，失其民也。

——《孟子·离娄》

（2）天子不能以天下与人。

——《孟子·万章》

（3）他不用功，故要落第。

这些议论若要施以检查，须将省略的补足，成一完全的三段论式如下：

（1）失其民者失天下，
桀纣失其民者也，
故桀纣失天下也。

（2）天子不能以天下与人，
尧为天子，
故尧不能以天下与人（舜）。

(3)不用功的学生都要落第，
他是不用功的学生，
故他要落第。

演绎法的议论，全以两前提作基础，所以如前提中有一不稳固，全论就不免谬误。如前例第三个论式：

不用功的学生都要落第，
他是不用功的学生，
故他要落第。

这论式中，大前提就不甚稳当，因为世间尽有天资聪明，不用功而可以不落第的学生。

世间原难有绝对的真理，所以就是论式各段都无误，也不是就没有辩驳的余地。不过各段的无误，是立论的必要条件，若没有这条件，议论的资格都没有了。

练习

试把下列各议论补足成三段论式，并检查是否谬误：

(1)试验使学生苦痛，故应废止。

(2)我国有广大的土地，岂有亡国之理。

演绎法的两个前提原是立论的根据，假若对于一前提不易承认，还须别的三段论法，把这前提来证明。例如要论证“人类必须有教育”的一个命题，假定是用下列的论式：

人类须有知识，——小前提

知识由教育而得，——大前提

故人类必须有教育。——断案

这论式中的小前提实在是很有疑问的，所以必须再加以证明如下：

生存须有知识，——大前提

人类要生存，——小前提

故人类须有知识。——断案

倘使这论式中的前提还有疑问，那么非再加以证明不可；繁复的议论文大概就是由许多三段论法联合成的。

练习

试补成下列的论式：

凡人因非全知全能，皆有缺点，故孔子虽圣人，也有缺点。

（二）归纳法

归纳法和演绎法恰好相反，是集合部分而论证全体的论法。例如，用演绎法证明“某人是要死的”。其论式如下：

凡人都是要死的，——大提
某人是人，——小前提
故某人是要死的。——断案

这例中的大前提“凡人都是要死的”的一个命题是否真实，如果要加以证明，也可用下列的演绎法的论式：

凡生物是要死的，——大前提
人都是生物，——小前提
故凡人都是要死的。——断案

对于这个论式的大前提“凡生物是要死的”的一个命题，若还有疑问，须加以证明，那就不是演绎法所能胜任的，非用归纳法不可了。论式如下：

牛是要死的，马是要死的，羊是要死的，草是要死的，树是要死的……袁世凯死了，西施死了，我的祖父母死了……

牛，马，羊，草，树，……袁世凯，西施，我的祖父母……都是生物。

故生物是要死的。

这式的两前提都是以经验所得的部分集合起来，由此便得到“生物是要死的”的结论。

归纳法中有两个应当遵守的条件：

（1）部分事件的集合须普遍而且没有反例；

（2）有明确的因果关系。

这两个条件如果能满足一个，大概可以认为没有错误。用例来说：

（1）有角动物都是反刍动物。

在这例中，“有角”和“反刍”有没有原因结果的关系，这在现在的科学上还没有证明，所以不能满足第二个条件；但有角的动物如牛、如羊、如鹿等都是反刍的，并且没有反例，即有角而不是反刍的动物不可以举出，这就满足第一个条件；而可认为正确的了。

（2）有烟的地方必定有火。

这例中的“烟”同“火”是有因果关系的，满足了第二个条件，所以就是不遍举事例，也可认为正确。

（3）文化高的国民都是白皙人种。

这例虽可举出英、美、德、法等国民来作例证，但有印度、中国等反例可举，不满足第一个条件。并且，明确的因果关系也没有，又不满足第二个条件。这样的归纳便是谬论。

最有力的归纳法，是第一、第二两个条件都能满足的；因为事例既普遍而无相反的例可举，原因结果的关系又极明了，自然不易动摇了。所应注意的，有无反例可举和人的经验有关系；就现在所经验的范围虽无反例，范围一旦扩大也许就遇见了反例；所以归纳法所得的断案常是盖然的。但原因结果的关系既已明确，就有反例可举也不能斥为谬论；这只是原因还没完全举出，或反例另有原因的缘故。例如：

居都市的人比居乡村的人来得敏捷。

这就是生活状况的不同，一是刺激很多，一是清闲平淡，可以将原因结果的关系说明的；虽有一二反例，必定别有原因存在，对于原论并不能动摇。

练习

就下列各命题，广举事例且说明其因果关系：

（1）文化从海岸起始。

（2）卜不筮足信。

（3）健康为成功之母。

（三）类推法

根据已知的事例而推断相类的事例的方法，这是类推法。例如：

地球是太阳系的行星，有空气，有水分，有气候的变化，有生物。——已知的事例。

火星是太阳系的行星，有空气，有水分，有气候的变化。——相类的事例。

故火星有生物。——断案。

类推法应用时须遵守下列的两条件：

（甲）所举的类似点，须是事物的固有性，而不是偶有性；

（乙）被推的事物须不含有与断案矛盾的性质。例如：

（1）孔子与阳虎同是鲁人，同在鲁做官；若依了这些类似点，因孔子是圣人就推断阳虎也是圣人，这便犯了第一个条件；因为这些类似点都是偶有性。

（2）甲乙二鸟，声音、大小、形色都相同。但乙鸟的翅曾受伤折断；若依类似点因甲善飞就推断乙也善飞，这便犯了第二个条件，因为翅的折断和善飞，性质是矛盾的。

练习

人披毡了则温暖，将毡子包冰，则冰反不易化。试就类推法说明。

五　证据分类，有理有据

判断一件事，总是以经验作根据，而依前两节所举的方法找出证据来。由性质上，证据有种种的不同，分述如下：

（一）因果论

因果论又名盖然论，是根据了“同样的原因必生同样的结果”的假定，以原因证明结果。例如：

（1）某人平日品行方正（原因），这次的窃案大概和他没有关系（结果）。

（2）他作文成绩素来很好（原因），这次成绩不良，大概是时间局促的关系（结果出预想之外，因为别有原因的缘故）。

这都是因果论，普通所谓议论，大概是这类最多。因果论所以又名盖然论，就是因为这种议论并不是确切可靠的缘故。对于同一事件，往往可作正相反对的因果论，即如前例的：

（1）某人平日品行方正（原因），这次的窃案大概和他没有关系（结果）。

对于这一个因果论也可作正相反对的第二个因果论：

（2）某人近来很穷（原因），或不得已而窃盗（结果）。

这两个因果论，可以同时发生，在这时候，要决定究竟哪一个成立，实是一件很难的事。就是能够证明某人真是渴不饮盗泉的丈夫，但仍不能将（1）确立而推翻（2），因为还有第三个、第四个乃至无穷个因果论可以发生。即如：

（3）某人的母亲病得很危险，他正困于医药费（原因），或竟至于窃盗（结果）。

这个因果论更为有力，某人品行既好，当然有孝行，对于母亲的病自是要想尽方法去医治；那么急不暇择，也是人情。

从这例看来，可知因果论是个确度很小的论法。所以用这个论法的时候，通常须用“大概”“或”等推量的语气，万不可取断定的态度。

但因果论虽不是充足的可靠的议论，却是必要的、很有价值的。所以无论何种议论，至少非有一个因果论的证据不可。否则，即使别的证据很多，也不可靠。例如甲有杀乙的嫌疑时，假定有下列各种证据：

（1）乙被杀时，甲确不在家。

（2）甲家有带血迹的刀。

（3）甲的衣上有血。

这类的证据无论有多少，假定甲所以要杀乙的原因一点不明白的时候，依然毫不足凭，而不能据以断定甲是杀乙的。如果能求得下列的事实的一种或一种以上，那就可以认甲为杀乙的嫌疑者。所以仅一因果论的证据虽不足恃，若与别的证据联合起来，就成有价值的论法了。假定所得的事实如下：

（1）甲曾因金钱关系与乙有仇。

（2）甲和乙前几天曾打架而被打伤。

（二）例证论

将和结论相同的事例引来做议论的证据，叫作例证论。例如：

（1）某人身体原很弱，因从事运动，今已健康（事例）；

所以运动是有益于健康的（结论）。

（2）甲学生很用功及了格，乙学生不用功落了第（事例）；所以要及格非用功不可（结论）。

（3）投石于水，就沉下去，投木片于水，则浮在上面（事例）；可知轻的东西是浮的，重的东西是沉的（结论）。

这都是例证论。例证论以部分来推全体，或以甲部分来推乙部分。前一种是归纳法的，归纳的法则应该严格遵守；后一种是类推法的，类推的规则切不可犯。除此以外还有几个条件应当特别注意：

（甲）人事和物理的不同

前例中（1）和（2）是人事，（3）是物理。物理以物为对象，物质界是有普遍的法则可寻的，所以大概可以说有一定。甲石沉了，乙石也沉了，可以说凡石都要沉的；甲木浮起，乙木也浮起，可以说凡木都要浮起的。但人事界的现象却没有这样得简单。甲从事运动身体康健了，乙从事运动或反而生病；因为体质、情形都不一定相同，结果不一定同也是应该的。丙不用功幸而不落第，就以为不用功可以不落第；某人买彩票发财，就去买；某人的阿哥的学问好，就以为他的学问也好；这些谬误，都是一类。

（乙）“假定”不能做例证

例证须是事实，“假定”做不来例证。世间往往有以“假定”

做例证而应用例证论的。例如：

（1）精神一到，何事不成（假定）；凡毕业颠沛流离的，都是精神不振作的缘故（结论）。

（2）他如果就了商业，已经可以做商店的经理了，何至穷得这样（假定）；所以读书不如经商（结论）。

（1）例中，事的成不成非做了以后不能晓得的；（2）例中，经商能不能就做商店经理，而不穷困，也要经了商才可知道的。只悬揣了一个假定，再从这假定立了脚来推论，即使常识上通得过去，总不可靠。

（三）譬喻论

譬喻论和例证论相似，不过例证论是引用和结论相同的事例做证据，譬喻论是引用和结论相似的事例做证据。例如：

（1）加热于蒸汽机关，则机关运转，故热可转成运动。（例证论）

（2）像蒸汽机关的运转需煤一样，生物在生活上也需食物。（譬喻论）

譬喻论中所最要紧的，就是两方面的类似的关系。譬喻要得当，就是两方面中各自所存有的关系要有适当的关联。试就上例分解如下：

（1）蒸汽机关的转动要发热的东西（煤），故运动要有发热的东西。（归纳的例证论）

（2）运动要有发热的东西，故生物的运动（生活）也要有发热的东西（食物）。（演绎的因果论）

适当的譬喻，照上面的样子分解起来，例证论和因果论间一定有相当的可以存在的关系。假如其中有一式错误，譬喻论的全体也就要错误。今示误谬的例于下：

浙江人比湖南人好，好像浙江绸比湖南绸好一样。

这种譬喻论的谬误是谁都晓得的。所以谬误的原因在哪里呢？试分解一下就晓得了：

（1）浙江绸比湖南绸好，所以浙江的一切比湖南的一切好。（归纳的例证论）

（2）浙江的一切比湖南的一切好，所以浙江人比湖南人好。（演绎的因果论）

这二式中，（1）的例证论明明不合归纳的法则，事例既不普遍，因果关系也不明确，要举反例，不论多少都可以举出，如湖南的夏布就比浙江的好之类。（2）的演绎式的大前提既谬误，断案当然也靠不住了。就是分解起来，（1）的归纳式不错，而（2）的演绎式错了，也一样地靠不住。

检查譬喻论的方法除将它分解以外，还有一种，就是审察两面的关系类似不类似。就前例说："浙江绸"和"湖南绸"的关系，与"浙江人"和"湖南人"的关系全不类似。不类似的关系当然不能譬喻的。至于"蒸汽机关"和"煤"的关系，同"生物"和"食物"的关系，就是类似的了

譬喻论，我国古来用的很多，现在也着实有不少的人用它，讥诈百出，最易使人受欺；大宜注意辨别。

练习

试指出下列各譬喻论正否：

（1）国之有海军与陆军，犹鸟之有两翼，缺一不可。

（2）政府之不必使人民与闻政治，犹父母之不必问家事于子女。

（3）一矢易折，集数矢则难折；人也是这样，孤立易败，协力则无敌。

（四）符号论

符号论和因果论恰相反，因果论是从原因推证结果，符号论是从结果推证原因。例如：

（1）某人没有一定的职业，应当很穷。（因果论）

（2）某人到了严冬还穿夹衣，可见他很穷。（符号论）

符号论是以实际的形迹（符号）来证明所论的真确的。见学生上课时在讲堂中睡眠，说教师不能引起学生的兴味；见水的结冰，说大气的温度在冰点以下；见日本打胜了俄国，说日本比俄国文明程度高；这都是符号论。通俗所谓“理由”的，大概是因果论；所谓“证据”的，大概是符号论。

因为同一事实，可以由种种的原因发生，所以符号论虽是由结果而推论原因的议论，也是不完全可靠。例如：

（1）学生上课时在讲堂中睡眠，足见教师不能引起学生的兴味。

这议论也可有别种的说法：

（2）学生上课时在讲堂中睡眠，足见学生不十分注意学业。

（3）学生上课时在讲堂中睡眠，足见学校的功课太繁重，学生担负不下。

…………

符号论一不小心就容易生出谬误。因为是博士，就崇拜他，说他有学问；因为是孔子说的，就相信它一定不错；因为西洋人也这样那样，所以非这样那样不可；看看报上某商店的广告，就信某店的货物精良；都是这一类的谬论。

符号论中最可靠的，是那结果只有一种原因可以生出来的时候。例如：

（1）河水结冰了，可知天气已冷到摄氏表零度以下。

这是可靠的议论，因为除了天气已冷到摄氏表零度以下，没有别的原因可以使河水结冰的。但是像：

（2）碗中的水结冰了，可知天气已冷到摄氏表零度以下。

这就不大可靠。因为使碗中的水结冰的原因还有别的，人工的方法就是一个。

就大概说：自然界的现象，符号论大体可靠，一涉到人事，关系非常复杂，用符号论大须注意。

六 联合使用，效果加倍

前节所述的四种议论，各有缺点；所以单独使用很不可靠。但是若能将二种以上的议论联结起来，就成有力的议论了。例如甲有杀乙的嫌疑时，如果在同一事情，得到下列种种事实，那么甲是嫌疑犯．差不多可以断定了。

（1）甲的性情粗暴。（因果）

（2）甲与乙曾因金钱关系有宿怨。（因果）

（3）某次甲曾用刀和人格斗。（例证）

（4）乙被害时，甲不在家，其时为夜半。（符号）

（5）甲家中有带血的衣服和刀。（符号）

以上是三种议论的联结，若能四种联结，更为可靠。所应注意的，就是因果论和符号论并不全然可靠，至于例证论和譬喻论更只能作补充用，力量很微弱，即以上例来说，虽已有五个证据，但最多只能说甲有嫌疑，至于甲是否杀乙，依然不能断定。所以，关于这一类事实要下判决，非有确实的人证（如当场见到）或物证（如刀与伤口）不可。因此，裁判官只能用各种方法引诱甲自行承认，而不能依自己所得的盖然的证据推断。因为上面的事实，甲和别人血斗或杀的不是乙，甚或别人嫁祸，（4）和（5）都可以存在的，至于（1）（2）（3）都是已过的事，用作证据本来力量很不大。

七　框架搭建的黄金法则

文章原无一定的成法，议论文的顺序当然也不能说有一定。以下所说的事项，不过是普通的说法。

（一）命题的位置

议论文原是对于命题的证明，命题当然是议论文的根本。所以命题在一篇文章中应该摆在什么地方；是先列命题，后来说明呢；还是先加说明，后出命题呢？这实在是一个问题。

在最普通的文章，应该先提出命题，使读者开首就了解全篇主旨所在。若是把文章读了半篇，还不能晓得究竟讲点什么，这类不明晰的文章，普通不能算好的。

先列命题，能使文章明晰，却是有时也不应当先将命题列出：

第一，命题容易引起反对的时候。例如对学校学生主张有神论，或对宗教家主张无神论的时候，倘使先把命题揭出，必致开端就惹起观听者的反对，以后虽有很好的证明，也不足动人了。这种时候，应当先从比较广泛点的地方起首。对学生讲有神论，可先从科学说起，说到科学不可恃，再提出有神论来。对宗教家主张无神论，可先说古来有神论和无神论的派别，各揭出其优劣，使听者觉得无神论也有若干的根据，然后再提出自己主张无神论的意见。

第二，命题太平凡的时候。例如在慈善会场中演说“人要有慈善心”的时候，若开端先将命题提出，听的人就厌倦了。这种时候，可从“生存竞争的流弊”等说起，使听者感觉慈善的必要，然后再提出本命题来。

（二）证明的顺序

通常因果论应当列在前面，符号论列在最后。因果论若列在最后，就使已经证明的事情和当面的问题无涉。若四种论证都全备的时候，就是（1）因果论、（2）譬喻论、（3）例证论、（4）符号论；这是最普通的。

先列因果论，使读者预想有像结论的事实。次列譬喻论和例证论，使读者预想着在别时别地所有的事实，或者在此也要起来。到了最后的符号论，使读者觉得所预期要起来的事实果真起来，就能深切地信从了。再用前面所举的甲杀乙的事例来说：

（1）甲与乙因金钱关系有宿怨。（使读者预想甲或因此杀乙。）

（2）甲虽是个平和的人，但是愤怒和改变素性；好像水虽平静，遇风也要起浪。（使读者信平和的甲，也可杀乙。）

（3）从前某人某人都是平和的人，都因愤怒及金钱关系，有过杀人的行为。（使读者因从前的实例，坚信甲有杀乙的可能。）

（4）甲家有带血的衣服，且乙被害时，甲确不在家。（因证据使读者坚信甲是杀乙的。）

八　如何“正确地吵架”

议论文以推理为根据，除了自然界的现象以外，人类社会的事情非常复杂，而人的推理又非绝对可恃，所以无论何种名文，总不免有驳击的余地。并且议论原是假定有敌论者存在，否则已用不到议论。从这一点说，议论文可以说是广义的驳论了。今姑且就一般的所谓驳论，略述一二。

（一）寻求敌论的立脚点

要反驳敌论，自然以从要害驳击为最有效，所以寻求敌论的立脚点是第一步功夫。对于敌论应当找出它的主旨，就是根本的命题。其次要寻出它证明的根据和法式——演绎或归纳或类比。

（二）反驳的方法

对于敌论所用的证论的法式既已明了，只须检查它违犯哪一种条件。但只是将证论推翻，不一定就能打倒敌论的根本命题，所以最重要的还是对于这命题的驳击。

命题由性质上分，有肯定和否定两种，如本章第二节所说；若由分量上分，又有全称和特称两种。例如：

（1）凡人是动物 ┐
　　　　　　　　├……全称命题
（2）凡人非木石 ┘

（3）有动物为人 ┐
　　　　　　　　├……特称命题
（4）有动物非马 ┘

上例在质上（1）（3）是肯定，（2）（4）是否定；所以从质和量上分，命题有四种：（1）全称肯定；（2）全称否定；（3）特称肯定；（4）特称否定。

将质或量不同，而所含的概念相同的命题对证，称为对当。对当有各种形式，须于论理学中求之。现在只讲其中的一种矛盾对当，即全称肯定和特称否定，以及全称否定和特称肯定。矛盾对当的性质是此真则彼伪，此伪则彼真，因此对于敌论命题的攻击，这种方法最方便而有效。

议论的命题应当是全称，若为特称立论本已非常无力；所以驳击敌论的全称命题，只须从它的矛盾对当的特称命题下手；因为证明特称命题实较证明全称命题容易。例如：

（1）敌论——凡哺乳动物都住在陆上。

——全称肯定

驳论——有哺乳动物（鲸）不住在陆上。

——特称否定

（2）敌论——白话不能达古书之义。

——全称否定

驳论——有教师讲解时白话能达古书之义。

——特称肯定

上例若驳论成立，敌论当然被推翻，而驳论都是特称，只要有一二例证就可成立，所以最方便而有效。

〔**注意**〕证明全称肯定或否定以推翻特称否定或肯定也是矛盾对当，但于作驳论少有用处，所以不详细讲了。

（三）应注意的条件

作驳论应注意的重要条件有下列的三个：

第一，勿助长敌论的声势。敌论者如果是有声望的人，议论往往在一般人的心里有强固的印象。这时候务必设法使敌论的印象减轻，以便自己的议论容易透入人心，切不可助长敌手的声势。例如对某博士的文字作驳论的时候，如果说：

某君是个博士，是个大学教授，学问很渊博，他的议论，当然不是我们做中学生的所够得上批评的。

不过……

这就是不利于自己的议论。但是也不可因此而发些轻薄的议论去糟蹋对方，这是作者的人格问题。

第二，勿曲解敌论。驳论是将自己对于敌论的反抗，公诉于一般的读者的文字。对于敌论必须不以恶意去曲解它。否则无论怎样，不能中它的要害，并且不能得读者的同情。

第三，驳论的位置。最有力的驳论最好放在中部，后半篇可用强有力的方法发挥自己的主张，使读者忘了所读的是驳论，而信从自己的主张。

以上所说的各项，并不是想取不正当的胜利，只是用来防不应当有的失败，千万不要误用。文章真要动人，非有好人格、好学问做根据不可，仅从方法上着想总是末技。因为所可讲得出的不过是文章的规矩，而不是文章的技巧。

练习

（1）试将读过的一篇议论文，分解它的论证法。

（2）试就读过的一篇议论文作驳议。

第五章　小品文

一　小品文的意义　/　二　强化练习、丰富表达

三　培养写作习惯，从日记和书札入手　/　四　细节处见闪光，以小取胜

五　有印象，才有影响　/　六　余情最是动人

七　牢牢抓住中心　/　八　侧面出奇，警句制胜

九　实际案例和添削　/　十　用标题打动人心

一　小品文的意义

从外形的长短上说，二三百字乃至千字以内的短文称为小品文。前几章所讲的记事、叙事、说明和议论等，是从文的内容性质上分的，长文和小品文只是由外形而定。因此小品文的内容性质全然自由，可以叙事，可以议论，可以抒情，可以写景，毫不受何等的限制。

小品文，我国古来早已有了，如东坡小品就很有名；普遍的所谓“随笔”，也可看作小品文的一种。近来在各国，小品文更盛行，并且体裁和我国的向来的所谓小品文大不相同。现在的所谓小品文实即 Sketch 的译语。大概都是以片段的文字，表现感想或实生活的一部分的。例如：

雪　夜

从早晨就暗淡的天，一到夜就下了雪了。由窗隙钻入的寒气冷到彻骨，好像是什么妖魔用了冰冷的手，来捉摸人的头颈似的。才将夜饭碗盏收拾好的母亲，在灯下又开始做针线，父亲呢，一心地看着新闻。饭毕就睡了的小妹，好像是日间跑得太厉害了，时时在被窝里发出惊叫来。

雪依然没有止，后园里好几次地有竹折断的声音。夜不觉深了，寒气渐渐加重，连远处传来的犬吠声，听去也觉得分外地带着寒森凄清了。

（写景）

红蜻蜓

就枯草原上卧了，把书翻开，忽然飞来了一个红蜻蜓，停在书页上面。头影一动，就好像触怒了它的样子，即刻飞去了。飞也不远，仍旧回到原处。我寂然不动地看它：尾巴缓缓地孑孑地动着，薄薄的两只翼翅，尽量伸张，好像单叶式飞行机的样子。不时又闪转着那大而发光的眼睛。

在晚秋的当午的强烈的日光中，红色的蜻蜓，看去却反觉有点寂寞。

（状物）

田　畔

倦了在田畔坐息，前面走过了穿着中学校制服的学生们，仔细一看，是K君与N君。他们不知道我在这里，一壁走着，一壁高声地谈着。

唉！唉！在小学校的时候，我比K君N君成绩好得多，先生也说我是有望的少年，只为了贫穷的缘故，就这样朝晚与田夫为伍。我难道竟以田夫过这一生吗？

那未免太悲哀了！但是有什么法子可想呢？我心如沸

了！虽自己不愿哭，眼泪已流下颊上了！

（抒情）

鸡

鸡告诉我们天地的觉醒，但所告诉的并不一定是光明。

鸡的第一次开声，是夜的最黑暗的时候。

鸡在深暗中叫，鸡是在深暗中叫的！

（议论感想）

读者读了上面的例，当可明白小品文是怎样的东西了。小品文虽然也有独立制作的，其实多散见于长文中。有名的文学作品中含有小品文极多，几百页的长篇小说，也可看成小品文的连续。在近代作品中，果能节取，随处可得到很好的小品文范例。例如：

风雨的强度渐渐地退减，不久，就只剩了雾样的非常美丽的细雨。云的弧线一点点地透升上去，长而且斜的日光，即落在地上了。从云的裂缝里，露出一条碧色的天空，这裂缝次第展开，像个揭去面纱的样子；既而澄净深碧的天空就罩住世界。新鲜的微风拂拂地吹着，好像地球的幸福的叹息，掠着湿雨的小鸟的快乐的歌声，可从田野森林间听得。

——莫泊桑的《一生》

从黎明起，平常所没有的凝然而沉的浓雾，把一切街道闭住了。这虽若干地轻微透明，不至于全不看见东西，可是在雾中行走的人们，都已浸染着了那不安的暗黄色；女人脸上鲜活的红色以及动人目的衣服花样，都好像隔了一层黑的薄纱，在雾中有时茫然地暗，有时豁然地鲜明。南首天空，在蚊帐样的黑云里，藏着日脚很低的十一月的太阳，比地上远来得明亮；北首则到处沉暗，好像低挂着大大的幕，下面昏黄而黑，物象分辨不清，几同夜间一般。于这沉滞的背景中，模糊地浮出着薄暗的淡灰色的屋宇，在秋天已早荒废了的某花园的门口竖着的两圆柱，看去宛像死人前面列着的一对的黄蜡烛……

——安得列夫的《雾》

祖母死后数年，父母也都跟着做了这墓中的人，到现在已星霜几易了。墓碑满了藓苔，几乎看不出文字，虽默然地立着不告诉我什么，但到此相对，不觉就如，目见墓中人一样。他们生前的情形，都一一不可遏地奔到我心上来：祖母驼圆了背在檐下曝日的光景，父亲的将眼鼻并在一处打大喷嚏的神情，母亲着了围裙浆洗衣服的样子，都显然地在我眼前浮出。

飒然地风来了，树叶瑟瑟地作声。明知道只是树叶的声音，然在我无余念的人的耳中，好像是有一种曾听见过的干皱的沙音，快活的高声和低而纤弱的喉音，纷然合在一起，在那里忙说着什么似的。忽然间声音一停，以后就寂然了。

我的心也寂然了。从这寂然的心坎中忽然涌起了怀慕的心情，不觉眼中就含了泪了。唉！如果可以，我愿就这样到墓中去，不再返尘世了！

——二叶亭四迷的《平凡》

以上不过就近代外国文学作品中略举数例，这样好的小品文，在我国好的文学作品中当然也很不少。如《儒林外史》中的王冕放牛，和《水浒传》中的景阳冈一段，都可作小品文读的。读者只要能留心，就可随处得着小品文的范例了。

二　强化练习、丰富表达

小品文自身原有独立的价值，且不详论。练习小品文，对于作长文也很有帮助，就是可以增长关于作文所需要的各种能力，所以对于文章练习上，利益很多。兹述一二于下：

（一）可为作长文的准备

画家学画，须先从小部分起，非能完全描一木一石的，绝不能画全幅的风景，非能完全写一手一足，绝不能画整个的人物。

文章也是这样，不能作全部分的文字的，即使作了长篇的文字，也绝不会有可观的价值。所以与其乱作无谓的长文，不如多作正确的小品文。换句话说，就是学文须从小品文入手。

（二）能多作

文有三多：多读，多作，多商量，这是学文者无可反对的条件。但长篇文字要多作，实不容易，小品文内容既自由，材料又随处可得，并且因字数很少，推敲、布局都比较容易，很便于多作，能多作，作文的能力就自然进步了。

（三）能养成观察力

小品文形既短小，当然不能容纳大的材料。因此，要作小品文，无论写情、写景，非注意到眼前事物的小部分，将它的特色生命来捕捉不可。这么一来，结果就可使观察力细密而且锐敏。细密而且锐敏的观察力，实在是文人最重要条件之一。

（四）能使文字简洁

要作小品文，因它的字数有限，断用不着悠缓的笔法，非有扼要的手腕不可。所以学习小品文，可以使文字简洁。初学作文，最普通的毛病是冗漫、宽泛，因为初学者对于材料还没有选择取舍的能力，不容易得着要领的缘故。若作小品文，这毛病立即现出，渐渐自然会简洁起来，而对于材料也能精于选择、取舍。这种工作，原是作文的第一步，也就是作文方法的一切。如果真能通达，已可算得有作文的能力了。

（五）能养成作文的兴味

初学作文的人，往往因为作得不好，打断兴味，而自觉失望，这是常见的事。长篇文字所需的材料既多，安排也不容易，初学的人当然没有作得好的可能，屡作都不好，兴味就因而萎缩了。小品文以日常生活为材料，并且是片断地收取，因而容易捕捉，材料既不复杂，安排也容易；即使作了不好，改作也不费事。为了这样，学作小品文既容易像文字，而很好的成绩偶然也可得着；作者的兴味当然可以逐渐浓厚。

学作小品文的好处如要细述，还不止此，但这已很足证明有学它的必要了。读者要学作文章吗？先努力作小品文吧！

三　培养写作习惯，从日记和书札入手

小品文本随时可作、随地可作，不必再待特别机会。这里姑举一二便于作小品文的机会于下：

（一）日记

日记因人的境遇、职业不同，种类当然很多，但大体可别为二种，一是只记述行事的，一是记述内面生活的。在普通人的日记中，两种时时相合，前者重事实方面，后者重心情方面。例如：

晨五时起，到后园散步，早膳后赴学校。授课三小时。傍晚返寓。S君来谈某事，夜接N自沪来信。灯下作复书。阅新到杂志。十时就寝。

数日来的苦闷，依然无法自解。来客不少，可是都没有兴高采烈地接待他们。客散以后，一味只是懊恼，恨不得将案上的东西，掷个粉碎。天一夜，就蒙被睡了。

上面二例，前者是以行事为本位的，后者是以心情为本位的。两者虽任人自由，没有限制，但为练习文章计，应当注意这两方面的调和；一味抒述内心生活，虽嫌虚空，然账簿式的事实的排列，也实在没有趣味。因此，最好的日记是于记述事实之中，可以表现心情的作法。请看下例：

昨晚执笔到一点钟；起来觉得有点倦懈。天仍寒雨，窗外桃花却开了。H来谈，知N已病故，不胜无常之感。忽然间N的往事，就成了全家谈话的材料了。下午到校授课，夜仍译《爱的教育》，只成千百字。

上例虽不甚佳，然可视为两方调和的一例。我国古来，日记中很有可节取的文字；案头现有《复堂日记》，摘录一节如下：

积雨旬日，夜见新月徘徊庭阶，方喜晴而础润如汗，雨意未已。二更猛雨，少选势衰，枕上阅洪北江《伊犁日记》《天山客话》终卷。睡方酣，闻空楼雨声密洒，霆雷如百万军声，急起，已床屋漏矣。两炊许时，雷雨始息，重展衾枕，已黎明，是洪先生出关，车行三四十里时也。

这是清人谭复堂日记的一节，可以作小品文读的。笔法虽与现代的不合，但对于实生活的忠实的玩味力和表现力，是可以为法的。

一个人每日的生活必有几事可记的。一日的日记，如果分析起来，实有几个独立的小品文可成。通常日记不必使每一事实都成小品文，只要使一日的日记全体为一小品文，或于其中含一小品文就够了。上例就是于一日的日记中含一小品文的。

日记的价值可说的很多，练习文章也是价值之一。因为日记是实生活的记录，日记的文字可以打破一切文字上的陈套；要作好日记，非体会吟味实生活不可。所以从日记去学小品文是很适当的。

（二）书札

书札与普通文字径路不同，尽有能作普通文字而不能作书札的。书札有实用与非实用的二种。实用的书札普通都是随笔写成，不加功夫；至于非实用的，则非有练习功夫的人是不能作的。日常的书札中往往含有这实用的与非实用的两方面。例如：作书托友人介绍医生，而附述自己病床的景况，前者是实用的，后者是非实用的。又如：作书约友人来游，而叙述所在地的景物，前者是实用的，后者是非实用的。

讲到趣味，作书札比作日记更多，因为日记是独语，而书札却是对话了。知友把他的生活情况来报知我们的书札，我们都非常乐读；我们能于书札中表现我们的生活，使朋友晓得，他们将怎样地欢喜呢！

我国古来书札中，佳例很多。兹随录一二为例：

> 某启，两日疾有增无减，虽迁闸外，风气稍清，但虚乏尔。儿子何处得《宝月观赋》，琅然诵之。老夫卧听未半，跃然而起；恨二十年相从，知元章不尽。若此赋当过古人，不论今世也。天下岂常如我辈愦愦耶？公不久当自有大名，不劳我辈说也。愿欲与公谈，则实未能，想当后数日耶？
>
> ——苏东坡《与米元章》

某到黄陂，闻公初五日使发，由信阳路赴关，然数日如有所失也。欲便归黄州，又雨雪间作。向僧房申明窗下拥数块热炭，读《前汉书·戾太子传赞》，深爱之。反复数遍，知班孟坚非庸人也。方感叹而公书适至，意思豁然。稍晴暖，当扬帆江上，放舟还黄也。

——苏东坡《与李公择》

庭前小梅数株，绿衣素妆，娟好如汉宫人。幽斋无事，静对忘言。或时移书吟咏其下，攀条摇曳，暗香入怀。每当惠风东来，飘拂襟袖，挹其清芬，宛然如见故人。今虽飞琼碎玉，点点青苔；然片光孤影，独仿佛缭绕左右。倘能乘兴而来，巡檐一索，便可共吟楚些，共招落梅魂也。

——汤传楹《与尤展成》

上所举的例虽与现代文体不同，然都能表示实生活，不只简单地排列要事，很能使受书的爱读，而且读了增加不少的兴趣。由此可知：要作好书札，非加入实生活的背景不可；若不将实生活作背景，文字就不能动人。试比较下二例：

（甲）昨日在某处遇见H君，知S君即将于下星期内赴英伦。我和H定于明晚在某处设宴饯行，特写信约你，请届期与会。

（乙）昨日在某处遇见H君，知S君即将于下星期内赴英伦。S君的要赴英留学，原是早有所闻的，却不料别离有这样快！寥寥的朋辈中暂时将又少一人了。已和H约定，明晚在某处设宴饯行，特写信给你，请届期与会；于离别以前，大家再一亲S君的快活的面影，话一番小学时代的旧事吧。

这是编者漫然作成的例。(甲)和(乙)相较，(甲)是只列事实，(乙)是兼述生活和心情，(乙)较(甲)有情趣，读了自可了解了吧。

书札中能兼述生活情趣，就能不呆滞而饶兴味。这不但在本文中如此，随处都是这样。举一例说，即如署名下的月日就可有各种记法。“某月某日”“某月某日灯下”“某月某日游山归来”“某月某夜蟋蟀声中”，这些记法，后面的比前面的，趣味就有多少的分别。

这里所应注意的，就是要真实无饰。若专袭套语，徒事修饰，是毫无用处的。只要能表现实生活，就可以使读者引起情趣；若徒把古人或今人的美辞丽句来套袭，就要成呆板讨厌的文字了。旧式书简中很多这种毛病，不可不知。

四　细节处见闪光，以小取胜

小品文是记述实生活的一部分的东西，以描写部分为目的；要写全体的事象，当然不是小品文所能胜任的。所以作小品文必须注目于事物的细处，就极微细极琐碎的部分发见材料。习作小品文所以能使人的观察精细锐敏，原因就在这一点。试看下例：

（甲）鳞云一团，由西上升；飞过月下，即映成五色，到紫色缘边，彩乃消灭。团圈的月悬在天心，皎皎的银光笼罩着平和的孤村。四边已静寂了，地底下潜藏的夜气，像个呼吸似的从脚下冲发上来。

——《月夜》

（乙）一到半夜，照例就醒，醒了不觉就悄然。窗外有虫叫着，低低地颤动地叫着；仔细一听，就是每夜叫的那个虫。

我不知于什么时候哭了，低低地颤动地哭了。忽而知道，这哭的不是我，仍是那个虫。

——《虫声》

上二例都是描写秋夜的；一以月为题，一以虫声为题；一以景色为主，一以作者的心情为主。趣向不同，好坏虽难比较，然秋夜的情调，二者中，何者比较地能表示出来呢？不用说，后者胜于前者了。这个原因，由于（甲）欲以短小的文字写繁复而大的景物，（乙）却只写虫声（一个虫声）的缘故。

欲在一小文中遍写一切，结果必致失败。初学者作“春日游某山记”，往往将上午某时出门，途遇某友，由何处上山，在何处休息，何处午餐，游某寺某洞，某时下山，怎样回家等，一一列举于短小的文字中，结果便成了一篇板笨的行事账簿，当然没有什么趣味可得的。

不但描写景物是这样，即在抒情文、感想文、议论文中，也是如此。小品文的材料，与其取有系统的、整个的，不如取偶发的、断片的。例如：

> 去年今日此门中，人面桃花相映红。人面不知何处去，桃花依旧笑春风。

这是崔护的诗，所以读了能使人感动，全在他能触物兴感，把偶发的断片的材料来活写的缘故。如果平铺叙述，把一切事件都说到，就成了“崔护某处人，一日在某处遇一女郎……”样的一篇东西，使人读了，最多也不过得着“哦，有这么一回事”的感觉罢了。

就事件的全体来做小品文的材料，结果只能得到点轮廓，不能得其内容。用譬喻来说，轮廓的文字好像地图，是不能作为艺术品的。我们要作绘画样的文字，不需要地图式的文字。因为从绘画上才有情趣可得，从地图上是不能得到的。

从许多断片的部分的材料中，选出最可寄托情感的一点拿来描写，这是作小品文的秘诀。好像打仗，要用少数的兵去抵御大敌的时候，应该集中兵力，直冲要害，若用包围式的攻战法，就要失败的。

五 有印象，才有影响

精细的部分的描写，胜于粗略的全体的叙述和说明；这是从前节已可知道的。那么，什么叫作描写呢？

描写是照了事象把它来从笔端现出的意思，和绘画所用的意义相同。说明固然不是描写，叙述也不是描写。旧式文章中说明和叙述的分子很多，近来的文章，除了批评文感想文等以外，差不多都以描写的态度出之了。

我国古来纯文学作品中很有描写佳例，随录一二，读者当能了解描写的态度。

山色倒侵溪影，一路随孤艇。

——杨仪《桃源忆故人》

寒风吹水，微波皱作鱼鳞起。

——赵宽《减字木兰令》

仰视浮云驰，奄忽互相逾。

——李陵《与苏武》

斜日坠，荒山云黑天垂暮，时见空中一雁来，冷入残芦去。

——蒋冕《卜算子》

于上列各例，读者对于他们观察事物的精敏，大约佩服了吧！简单点说：描写就是观察的表出，不会观察事物的人是断不能描写的。前节所说的宁作小部分的描写，不可作全体的叙述和说明，换句话说，就是要描写的，不可是叙述的说明的。因为短小的文字中，若要装载整个的有系统的材料，必致流于说明叙述，结果便只存了轮廓而使内容完全空虚了。

但从另一方面看，所谓描写的就是“印象的”的意思。我们与事物相对时，心情中必有一种反应或感觉，这普通称为印象。描写是照了所观察的事象如实写出，就是要把印象写出。所以如果是描写的文字，必会成印象的文字。上面所举的描写诸例，都是印象的，都能将自己对于事物所得的印象传给读者。

将自己所得的印象，不加解释说明直现出来，使读者也得着同样的印象，这叫作印象的。试看下例：

（甲）才开窗，湿而且重的温风即吹来，花坛的花枝都带着水珠；蔷薇已落了许多，有几瓣还乱落在花坛外，沾着些泥土了。油也似的雨，还丝丝地亮晶晶地从檐口挂下，罗岩山山腰以上，无声地放着破絮似的云，铅样的湿烟，低低地笼罩湖水，一切都沉滞得如在水银中一样。

——《时雨的早晨》

（乙）起来正六时，天还未晴，开窗一看，湿而且重的温风就迎面吹来。花坛的花枝上都带着水珠，知道昨夜大雨。蔷薇已落了许多。这蔷薇是今年正月里亲自种的，前天才开，不料就落了。有几瓣还乱落在花坛外，沾着些泥土，这大约是昨夜风大的缘故吧。

油也似的雨，丝丝地亮晶晶地，从檐口挂下，不从檐口去看，却看不出。罗岩山山腰以上放着破絮似的云，天恐一时不会晴呢。铅样的湿烟，低低地笼罩湖水，一切沉滞得如在水银中一样。唉！真令人闷极了。

上面二例，（甲）只述目见的光景，（乙）则于述光景以外，又加入作者自己的解释或说明。读者读了，不消说是取前者不取后者的吧。因为前者比较地能把印象传给读者，且所传给于读者的只有印象，所以读了容易感染。至于后者则像以谆谆的态度教示读者一样，读者读了很感着不自由；且因所传给于读者的不止印象，夹杂着许多不相干的东西，所以印象也就不能分明地传给读者了。

我国旧式文字中往往以作者自己的态度，强迫读者起同感。如叙述一悲事，结尾必用："呜呼，岂不悲哉！"叙述一乐事，必要带"可谓乐事也已"之类。其实这是强迫读者的无理的态度。悲不悲，乐不乐，读者自会感受，何必谆谆然教诲人家呢?

描写！描写！部分的精细的分写，胜于全体的叙述和说明！再进一步说，要印象的描写！

六　余情最是动人

前节的所谓部分的描写，并非一定主张绝对地描写一部分，目的是要从部分使人仿佛全体。既然能印象地描写，把部分的印象传给别人，全体的影子必然在其中含着，所以必能将全体的光景暗示读者。说明的文字易陷于轮廓的，范围常有一定，文字就往往无余情可得；描写的文字部分虽小，范围却无限制，可以暗示种种复杂的情景于读者。所以数千字的说明、叙述的文字，有时效力反不及百字内外的描写的文字。小品文的价值大半在此。如果部分的描写，只能收得部分的效果，那就不是好文字。在这个意义上，小品文远比别的长文来得难作。据说，法国雕刻家罗丹雕刻一胸像的时候，先做一全像，完成了再截去手足，而只留下胸部以上的部分。作小品文也非用这样的态度不可。

不要说明的和叙述的，要描写的，要印象的，暗示的；其实这许多话的根本完全相同。说明和叙述必无余情，能描写，自然会成印象的，同时也自然是暗示的了。试看下例：

邻家的柿树今年又结了许多的实了。这家有一个很可爱的小孩。去年这时候，他爬上树去摘那柿子，不小心翻下来了。他哭得不得了，他的父母赶快将他送到医院里去，结果左手带了残疾了。他垂下了左手走过这树旁的时候，总恨恨地对着树看的。真可怜呢！

——《柿树》

这例彻头彻尾是叙述的、说明的，并无趣味，也没有余情，使人读了不过得着一个大概的轮廓，除了说一句“原来如此”以外，并不会起何等的心情。试再看下例：

近地的孩子们笑着喊着，忘了一切捉着迷藏。从折手以后，就失了大将地位的芳哥儿，悄然地在他自己门口徘徊，恨恨地对着那柿树的弯曲的枝杈。他是因从这树上翻下，成了一生不可回复的残疾的。

圆圆的月亮，从柿树的弯曲的枝杈旁上来了，“月亮弯弯……”芳哥儿用眼角瞟视着在狂耍的俦伴，一面大声地唱了起来，眼泪忽然含不住了。

这例和前例面目就大异，芳哥儿的悲哀，以及好胜的性格、将来的运命等等，都可在此表露，是有余情、有个性的文字。前例是事情的全体，后例却只是一瞬间的光景，而效力上，后者反胜于前者。可知部分的印象的描写，可以暗示全体。前例是地图式的文字，后例却是绘画式的文字。

用了部分去暗示全体，才会有余情。在这里，可以觉悟小品文并不是容易作的，所得部分，要有全体做背景才可以，并且，部分与背景的中间，最好要有有机的不可分的关系存在。譬如水上浮着的菱，虽只现一小部分的花叶，但水中却有很繁复的部分潜藏着；而水中潜藏着的繁复的部分，和水上所现出的简单的部分还有着不可分的有机的关系。

暗示是小品文的生命，但所谓暗示可分两部分来看：一是笔法的暗示，一是材料的暗示。前者比较容易，后者实在很难。如能用暗示的笔法去描写暗示的材料，那就是最理想的了。前面所举的崔护的诗，其好处全在他能用暗示的笔法去描写暗示的材料。

七　牢牢抓住中心

前面曾说：小品文好像以寡兵抵大敌，非集中兵力，直冲要害不可。又说：如果取整个的多数的材料，不如细密写少数的部分的材料。这里所谓中心，也就是这种态度的别一方面。

所谓中心，就是统一的意思。小品文字数不多，如果再散漫无统一，必致减少效用，没有可以逼人的能力。试看下例：

> 仍不到六时就起来了。因循惯了的我，这几天居然把贪睡的恶癖矫正，足见世间没有什么难事，最要紧的就是克己。克己！克己！校中先生所带讲的“克己”二字的价值，到今方才了解。
>
> 盥洗以后，散步校园，昨夜新晴的天，又下起雨来。满想趁今日星期天出外游耍，现在看去，只好闷居在校里了。“不如意事常八九”，世间大概如此吧。
>
> ——《朝晨》

上例前后二段间并无何等的联络，所说的全是截然不同的事，就是无中心、无统一的文字，令人读了以后，不能得着整个的情味。这样的时候，倒不如把两种材料分作成两篇小品文。

没有中心，文字就要散漫无统一，散漫无统一的文字断不能动人。但所谓中心，不是一定限于事项的统一，事项虽不前后联络，只要情调心情上能统一时，仍不失为有中心的文字。例如：专写西湖的早景，是统一的；但于一短文中如果兼写西湖的早景、夜景、雨景而确能表出西湖风景的情调（地方色）时，仍不失为有统一有中心的文字。试再看下例：

> 狗叫过好几次了，父亲还没有回来。在洋灯旁缝着衣服的母亲，渐渐把针的运动宽松；手中的布也次第流到桌上去了。
>
> 邻家很远，大哥昨日到上海做学徒去了。窗外的风声，犬声，壁上的时钟声，以及母亲的轻微的鼻息声，都觉得使我感着说不出的寂寥。
>
> 狗又叫起来了。母亲很无力地张开眼来，好像吃了一惊了似的，仍旧提起了皱罗罗布来一针一针地缝着。
>
> 夜不觉深了！
>
> ——《夜》

上例材料上并不统一，尽有前后无关系的事项。但情调却并不散漫，读了可以使人得着一个整个的寂寞无聊的感情。这就是以情调心情为中心的文字。

从此可知文字不可无中心，这中心用事项来做，或是用情调来做，是不必限定的。只要不是杂凑的文字大概自然都有中心可说，因为我们要忠实地写一事实或一情调时，绝不至于说东扯西，弄成无统一的文字的。

八　侧面出奇，警句制胜

小品文如奇兵，平板的笔法断难制胜，非有机智不可。我们观察事物，有正面观察和侧面观察二种。正面观察每多平板，常不及侧面观察的来得容易动人。因为正面的部分是大家都知道的，侧面的部分往往为人所不顾及的。能将人所忽略的部分从事观察，文字就容易奇警，而表现也容易成功。

相传有一画师，出了一个《花衬马蹄香》的画题，叫许多学生各画一幅。大多数的学生都从题目的正面着想，画了许多落花，上面再画一个骑马扬鞭的人。这是何等地杀风景呢！有一个聪明学生却不画一片的花瓣，只画一匹马，另外加上许多只随马蹄飞的蝴蝶；画师非常赞许。这是侧面观察成功的一例。

侧面观察就是于事物的普通光景以外，再去找出常人心中所无而实际却有的光景来；这虽有赖于观察力的周到，但基本却在机智的活动。凡是事物，无论如何细小，要想用文字把它表现净尽，究竟是不可能的事。用文字表现，要能使人读了如目见身历，收得印象，全在一二关于某事物的特色。只要是特色，虽很小很微，也足暗示某事物的全体。

例如：霉雨时候，要描写这霉雨天的光景，如果用平板正面的观察的方法来写，不知要用多少字才能写出（其实无论多少字，也写不完全的）。在这时候，假使有人把“蛛网”详细观察，发见“雾样的细雨，把蛛网糁成白色”的一种特别的光景，把这不大经人意的材料和别的事情景况写入文字中，仅这小小的材料，已足暗示霉雨天了。试再看下列各句：

（1）正午的太阳，照得山边的路闪闪地发白光。山脚大松树的树身上流着黄白色的脂浆。

——《暑昼》

（2）日光在窗纸上微微地摇动，落叶掠下来在窗影上画了很粗的黑线。

——《初冬晴日》

上二例都是侧面描写，并不琐碎地把暑日或初冬的光景来说，而暑日或初冬的光景却已活现了。

以上是从机智的一方面的说明。机智还可从别一方面说：就是文字有精彩的部分，和平常的部分可区别。文字坏的，或者是句句都坏；文字好的，却不是句句都好。一篇文中，有几句甚或只有一句好的，有几句平常的。在好的文字中，这好的几句的位置，常配得很适当。

在平常的文字中，加入几句使成好文字，这种能力是作文者大概必须的。特别地在作小品文时，这能力格外重要。在小品文中，要有用一句使全体振起的能力才好。试看下例：

弱小的菊科花开出来使人全不经意，却颤颤地冷冷地铺满了庭阶。无力的晚阳，照在那些花的上面，着实有些儿寒意。原来秋已来了。

——叶绍钧《母》

这文末句，是使全体统一收束的，在文中很有力量。如果没有末一句，文字就要没有统一，没有余情了。又如：

正坐在椅子上诵读英文，忽然一个蚊子来到脚膝下；被它一刺，我身一惊，觉得很难忍；急去拍时，已经飞去了。没有多少时候，仍旧飞近我身边，做嗡嗡的叫声。我静静地等它来，果真它回到原处，它伸直了脚，用口管刺入我的皮肤，两翼向上而平，好像在那里用着它的全副精神似的。我拍死了它，那掌上粘湿了的血水，使我感得复仇的愉快和对于生命的怜悯。

——某君《蚊》

这篇所以还算好的，关系全在末一句。如没有末一句，全体就没了意义。以上二例都是以末一句使全文振起的，其实有力的句子并不一定限于放在末了。

以上虽就描写文而说，其实所谓侧面观察，所谓一句使全文振起，不单限于描写文，在议论、感想等类的文字中，也很必要。在议论文感想文中，所谓“警句”者，大都是侧面观察成功的，有振起全文的能力的。例如：

戏子们何等幸福啊！他们自己随意选择了扮作喜剧或扮作悲剧，要苦就苦，要乐就乐，要笑就笑，要哭就哭。在实生活上却不能这样。大抵的男女都被强迫了做着自己所不愿做的角色。这个世界是舞台，却没有好戏。

——王尔德

一日一日地过去，无论哪一日，差不多都是空虚、厌倦、无聊，在后也不留什么的痕迹！一日一日地过去，这些时间，原实是无意味无智的东西，然而人总希望共同生存。他们赞美人生。他们将希望摆在人生上面、自己上面，及将来上面。啊！他们在将来上面期待着怎样的幸福啊！

那么为什么，他们认作来日不像正在过着的今日一样呢？

不，他们并未想过这样的事，他们全不喜想，他们只是一日一日地过去。

“啊！明日，明日！”他们只是这样自慰，直到“明日”将他们投入坟墓中去为止。

可是一等入了坟墓，他们也就早已不想了。

——屠格涅夫

上二例都是名文，寥寥数言中，实已喝破真理的一面。其末句都很有力，使人读了怒也不是，哭也不是，笑也不是，不知如何才好。又本章第一节所举的《鸡》，差不多全体是警句，可以参照。

九　实际案例和添削

（一）第一步

文有用了想象作的，如冒险小说之类，其中所描写的都非作者目见亲历之境，只是想象的产物。就是普通文字中，也不无想象的分子夹杂。但初学的人用想象作文，实不如从观察作文稳当。观察第一要件在真实，观察力若尚未养成，所想象的也难免不合实际。如画家然，必先从摹写实物、人体入手，熟悉各种形态、骨骼、筋肉的变化，然后可从事创作。

但是眼前的材料很多，从哪里观察起呢？这本不成问题，所以发生这疑问实由于着手就想创作名文的缘故。老实说，名文并不是一蹴可就的。在初时，最好就部分的平凡事物中搜集材料，逐渐制作，渐渐地自会熟达，成近于名文的文字。文字的好坏本不在材料的性质，而在表现的技能。善烹调的无论用了怎样平常的原料，也能做出可口的肴馔来。世上森罗万象，一入能文者的笔端就都成了好文章了。

（二）由材料到成文字

无论什么材料都可用，只要仔细观察了，把它写出来就成文字；这样说法，作文不是很容易的吗？其实这是大大的难事。写出原是容易，但要将自己所观察得的依样传给别人，使别人也起同样的心情，这却很难；并且不如此，文字就没了意义了。

现在试示一二做例吧：

假定我们观察春日的田野，在笔记本上，得到下列的材料：

（1）草青青地长着，草上有两个蝴蝶在那里翩翩飞舞，一个是黄蝴蝶，一个是白蝴蝶。

（2）小川潺潺流着，水面被日光反射成银白色。

（3）远远的树林晕成紫色，其上飘着蓬蓬的白云。

（4）两个老鹰在空中回旋，不时落近到地面来。

（5）温风吹在身上，日光照在头上，藉草坐了，竟想睡去，我不禁立了唱起歌来了。

材料有了，更要把这材料连缀起来成为文字。那么怎样连缀呢？先就全体材料的性质考察：草—蝴蝶—小川—树林—云—老鹰—温风—日光。这里面，树林和云是远景，老鹰也比较地不近，草、蝴蝶、小川是最和作者相近的，照普通的顺序，先说近的，后说远的，原来的排列似乎也没大错。但依原形连缀拢来，究竟不成文章：第一，接合不稳；第二，词句未净。

（1）句虽明了，但是不干净，多冗词。“草”“草上”“两个蝴蝶”“黄蝴蝶”“白蝴蝶”相同的名词叠出，文趣不好；应改削如下：

青青的草上，有黄白二蝶翩翩飞舞。

这样就够了，（2）没有什么可删，原形也可用。不过突然与（1）连结，文有点不合拍。如果加入一句“草的尽处”，连接起来就不突兀，并且景色也较能表出。

其次是（3）和（4）了。这二者要互易顺序，景物才能统一，为了与上文连接及表出春日的心情起见，上加一句“抬起倦眼仰望”，更得情味。其余一仍其旧，将全体连缀起来如下：

青青的草上，有黄白二蝶翩翩飞舞。草的尽处，小川潺潺流着，水面被日光反射成银白色。

抬起倦眼仰望，两个老鹰在空中回旋，不时落近在地面来。远处的树林晕成紫色，其上飘着蓬蓬的白云。

温风吹在身上，日光照在头上，藉草坐了竟想睡去，我不禁立了唱起歌来了。

这样，文虽不工，但繁词已去，连接也无大病，春野的景色，春日的情感，已能表出若干了。

再示一例吧。假如有这样的一篇学生日记：

某月日，星期。

早晨，近处有一小孩被车子碾伤，门前大喧扰。我只在窗口望了一望，不忍近视。后来知道，这受伤的小孩是某家的独子，送入病院以后即受手术，但愿能就医好。

正预习着明日的功课，李君来了。乃相与共同预习。

所预习的是英语。二人彼此猜测先生的发问，不觉都皱了眉。

午餐与李君谈笑共食。

午后到李君家，适他家有亲戚来，李君很忙，我就回来了。

傍晚无事。

灯下继续预习毕，翻阅小说，至敲十一点钟，始惊觉就寝。

先就第一节看，所记的是偶发事项，与自己无直接关系；似乎是可记可不记的材料。如果要记，应只用简洁的词句，不应这样冗长。可改削如下：

早晨，有一个小孩在门口被车子碾伤。附近大喧扰。听说就送入医院去了。

这样已够，再改作如下，则更好。

早晨，有一个小孩在门口被车子碾伤，为之怆然。

“为之怆然”这是感情的语句。加入了可以表出当时的心情。这种表示感情的语句，要简劲有余情，能含蓄丰富才好。

再检查第二节。这节中末句“皱了眉”很好，但开端太冗滞，宜改削如下：

正预习明日的英语，李君来了。乃相与共同预习。彼此猜测先生的发问，不觉皱了眉。

原文，“预习”两见，“所预习的是英文”，是无谓的说明。改作如上，就比较妥当了。

第三节无病。第四节“他家有亲戚来”云云，也与自己无关系，可省略，改如下：

午后因送李君，顺便一到他家就归。

第五节的“傍晚无事”全是废话；无事，无事就是了，何必声明呢？当全删。

第六节无病；末句能表出情味，不失为佳句。

十　用标题打动人心

（一）文的分段

文字的分段和句逗性质一样，同是表示区划的。最小的区划是逗，其次是句，再其次是段。有时还有空一行另写，表示比段更大的区划的。

分段不但使文字易读，且使文字有序不紊。分段有长有短，原视人而不同，但大体也有一定的标准，就是要每段自成一段落。用前节的例来说：

> 青青的草上，有黄白二蝶翩翩飞舞。草的尽处，小川潺潺流着，水面被日光反射成银白色。
>
> 抬起倦眼仰望，两个老鹰在空中回旋，不时落近在地面上来，远处的树林，其上飘着蓬蓬的白云。
>
> 温风吹在身上，日光照在头上，藉草坐了竟想睡去，我不禁立了唱起歌来了。

这文是分作三段写成的。第一段着眼近处，第二段着眼远处，两不相同，所以换行另写。第三段是心情的抒述和前二段叙述事物的又不同，所以再别作一段。换一着眼点，就把文字分段，这是普通的标准。

所要注意的就是标准只是相机而定的。例如上文第一段所包含的事物有草、蝶、小川三项；如果在全文描写精细，不这样简单的时候，那么由草而蝶，由蝶而小川，都可说是着眼点的更换，就都应分段了（下面二段也是这样）。上文所以合为一段，一因文字简单，二因所写的都是近景的缘故。

分段还有把每段特别提出的意思，能使分出的文字增加强度。有时，往往因为要想使某文句增加强度，特意分行写列的。试看下例：

> K君从车窗探出头来说“再会”，我也说了一声“再会”，不觉声音发颤了。K君也把眼圈红了起来。汽笛威吓似地一作声，车就开动。我目送那车的移行，不久被树林遮阻，眼前只留着一片的野原。
>
> 啊！K君终于去了。
>
> 我不觉要哭起来了。

这文末二句原可并为一段的，却作二行写着。分段以后，语气加强，连全文都加了强度了。能适当分段也是文章技巧之一，但须入情合理，不可无谓妄饰。

（二）题的选择

文字中，有先有题目，后有文字的；有先有文字，后有题目的。旧式文字往往先有题目，随题敷衍。其实，好的文字都是作者先有某种要写的事物或思想情感，如实写出，然后再加题目的。特别地在小品文应该如此。

题目应随文的内容而定，自不容说。但陈腐的题目不能令人注目，有时因题目陈腐，使本文也惹了陈腐的色彩。过于新奇呢，又易使读者读了本文失望。所以题目非推敲斟酌不可。

举例来说：前节所列春日写景的文字，如果要定起题目来是很多的，《春野》《春景》《游春》等等都可以。但我以为不如定为《藉草》来得切实而不落陈套。

在小品文中，文字须苦心制作，题目也须苦心制作。题的好坏，有时竟有关于文的死活。尽有文字普通，因了题目的技巧，就生出生气来的。

今天母鸡又领了一群小鸡到篱外来了。其中最弱的一只，赶不上其余的，只是郎当地在后跟着。忽然发出异常的叫声，挣扎飞奔，原来后面来了一只小狗。母鸡回奔过来，绕在那小鸡后面，向小狗作着怒势。小鸡快活地奔近兄弟旁边去，小狗慑于母鸡的威势，也就逃走了。

——《亲恩》

这文材料很普通，文字也没有十分大了不得，但《亲恩》这题目实有非常的技巧。因了题目好的缘故，平凡的本文也成了奇警了。这是用题目来振起全文的一例。

附　　录

文章的省略　/　文章的静境

文章的动态　/　作文的基本的态度

论记叙文中作者的地位并评现今小说界的文字

我在国文科教授上最近的一信念——传染语感于学生

文章的省略

文章家向有“剪裁”“含蓄”一类的说法，所谓“剪裁”是把无关紧要不必说的部分淘汰；所谓“含蓄”是把重要的该说的部分故意隐藏起来，或说得不显露。这两种功夫是文章家向所重视的，这里把它们包括在“省略”二字之下，来做一次考察。

文章是用文字记载事物、传达思想情意的，可是不幸得很，文字本身就是一种不完全的工具，无论记载事物或是传达情意，文字的力量都是很有限的。作者的本领只是利用了这不完全的文字工具把要说的话说出一部分，其余让读者自己去补足去想象。越是聪明的作者，越知道文字并不是万能的东西，他们执笔的时候，所苦心的是怎样才能把文字使用得较有效，绝不干吃力不讨好的勾当。世间的万事万物都有着无限的内容，任何一件小东西，如果要写得周遍无遗，听凭你写几十万字也写不尽。例如写一个人的面貌吧，眼睛、鼻子、眉毛、耳朵、嘴巴、头发、轮廓、表情等，如果你仔仔细细地按了次序去写，包管你会写出无数的文字，结果必至于搁笔兴叹，叹息于文字的无用和不完备了。

面若中秋之月。色如春晓之花。鬓若刀裁。眉如墨画。鼻如悬胆。睛若秋波。虽怒时而似笑。即瞋视而有情。

这是《红楼梦》里描写宝玉面貌的文章，其中用着许多的“如”“若”等比拟的麻烦手法，而且又假想到他在“怒”“嗔”的时候的神情，这种写法对于读者总算是极忠实的了。为要使读者明白宝玉的面貌怎样，作者费了这么多的气力，其实是吃力不讨好的事情。读者读了这一串的文章，如果不自己加以补足想象，还是不明了的。

籍长八尺余，力能扛鼎，才气过人。

高祖为人隆准而龙颜，美须髯，左股有七十二黑子。

这是《史记》写项羽写高祖的文章，对于项羽只说他身有多长、力有多大，关于面貌的话一概从略；对于高祖只说他鼻子高，脸像龙，须髯好看，左股有七十二个黑痣，关于眼睛、眉毛等等一些也不提。我们读去，也并不会嫌作者写得欠详细，照普通的见解说，反觉得比那《红楼梦》的一段来得不琐碎杂乱。

文字毕竟是力量有限的东西，作者对于文字的效力首先得加以估计，在可以生效的方面好好运用，切勿在无效的方面去瞎卖弄。与其对读者谆谆地絮说，令读者厌倦，不如信任读者的理解力、想象力，说得简略些，让读者有发见的欢喜。文章的省略，可以说就是文章技巧之一。

省略可分三种，一是字面的省略，二是意义的省略，三是事件的省略。

字面的省略，这是把文句间的可省的字尽量省去，是最初步的省略法。我十岁左右从塾师学习书信，塾师曾教我一个书信文的评判法，他说，书信中自称的“鄙人”“弟”和称对方的“阁下”“仁兄”等字面不可到处用，如果“鄙人”“阁下”等字面用得触目都是，就不是好书信。这话我到现在还记得，觉得很不错。凡是可看可读的书信文，差不多都合乎这个法则的。案头有袁小修的《珂雪斋集》，把其中的尺牍选录一首作个例子。括弧内的字，是我依照了文义故意增加上去的。

> （弟）自君山归来，怀想（兄）不置。（弟）老父体中已安。（弟）稍稍葺理旧业。（弟于）八月初七之日，已移亡兄灵柩入村。（弟）断肠之泣，久而愈新，奈何！承（兄）教（弟）讯扫身心如老头陀，甚善甚善。……（弟）近与苏潜夫聚首数日，商榷一番，彼此洒然凛然，恨不令兄闻之耳。曾太史体中尚未平复，（兄）所云云（弟）当转致之。
>
> ——《寄王章甫》

这里面依照文法上的规则看来，省略的地方不少。不但古人的书信文如此，近人写作的书信里也常见到这情形。如下例：

> 前寄一函至园，想已达览。久不见绍原，又未得来信，于昨日便道去一访，云卧病，未晤，不知系何病。独卧旅邸，颇觉可念。兄在城时，不知有暇能去一访否。并乞去后以其近状见示为感。匆匆，即颂雪佳。

“兄”字只一见，“弟”字连一个都没有。如果增加进去，当然有几处可以增加的。

书信的读者就是受信人，彼此之间关系不致模糊，有许多字当然可以省略，上面所着眼的只是彼此的称呼方面而已。至于书信以外的一般的文章，字面的省略也极要紧。《史记·张苍传》记张苍，“年老口中无齿”，刘知几在《史通》里评它太繁，说六字之中有三字可省，改作“老无齿”就可以了。如果我们用这样的眼光去读一切文章，觉得每篇文章可省略的字面是很多很多的。“与其不自由毋宁死”可以删削为“不自由毋宁死”，“年已七十矣”可以删削为“年已七十”或“年七十矣”。因为删掉了些字面，意义并不会有什么欠缺。

自从语体文流行以来，文言派的人动辄批评语体文冗蔓。其实我们日常所用的白话本身并不冗蔓，如果依照了日常的白话写作，绝不致有冗蔓的毛病的。语体文的所以冗蔓，我以为是受了翻译文的影响。外国文和中国文习惯不同，例如英文里有

“a”“the”等的冠词，而中国文就没有，有些译书的把英文的“I'm gazing at the moon through a telescope”不译作“我就望远镜注视月亮”，硬译作“我注视这个月亮从一个望远镜”，字面就凭空地增加了。这翻译文的影响，流行到一般的写作上，于是本来不是外国文的文章，也像是翻译文了。下面所引的是创作小说里的一节，和从来的文章相比固然繁简大异，和日常的白话相比，调子也不一样。

时节是阴历六月中旬的一日。微细到分辨不清的油一般的小汗粒从肥壮的章君的鼻头和颊上续续渗出，随后竟蔓延到颈际了。他睡在一间胡乱叫作书斋的房中一张藤躺椅上；照那样子看去，可以称为是午后二时光景的夏天的打盹。一只赤露的胳膊旁逸到藤椅的外侧，软软地向下垂着，那一只却弯曲在椅扶手上；两条腿和脚挺直伸出，叉开来搁在椅前的地方；那全身颇像一个三岁孩子用秃笔涂成畸形的“大”字。他蒙眬合着眼皮；那歪在椅顶枕上的发毛毵毵的脑袋，有时因为一两匹小蝇在他眼缝或嘴角的湿津津的处所吮咂的厉害，便“唔”的在梦中发出了向来不会有仇但为什么定要来烦扰的不得已的抗议，于是只得摆动一下，随即那鼻孔里似乎又有了小的鼾声了。

窗外的天空不像是可以教人看了会愉快的天空：说是夏天，总应该是清清朗朗有润凉的西南风吹送着一小片白云过来的，可以起人悠然遐思的天空；可是那在四边地平线上层层叠叠堆上了还要堆上去似的隐藏在树林背后的云，不绝地慢慢向天顶推合，虽不会响着雷声，人的心里总以为“快响雷了吧”的这样沉闷暑湿的天气，所以竟使大小的蝇时刻攒围在这个有些汗臭的肉体的身旁，而且一只很大的蚊虫钉在他的屁股旁边；反应的作用使他那条大腿上的肉不时颤动。

——罗黑芷《雨前》

这两段文章，描写的忠实细致，总算费尽了气力，可是词句的拖沓、累赘也到了极度了。如果从字面上一一推敲起来，有许多是闲字，应该删汰。例如“他睡在一间胡乱叫作书斋的房中一张藤躺椅上；照那样子看去，可以称为是午后二时光景的夏天的打盹”，“一间”和“一张”都是不必要的字面，“照那样子看去”“可以称为”也是不必要的声明，实际是在“打盹”，有什么“可以称为”“照那样子看去”呢？“夏天的”也可省，因为上文已有“时节是阴历六月中旬”的话了。“午后二时光景”也无大意味，因为“午后二时光景的夏天的打盹”，不能成为一个熟语，说“打午盹”就够了。又“胡乱叫作书斋的房中”虽然用了许多字，意义仍不明白，如果本来不是书斋号称书斋的，那么把它加上引号写作“书斋”就行了。所以这一串文句不妨将闲字删去，改成“他在‘书斋’里藤躺椅上打午盹”。经过这样省略，和原文比较，也不见得缺少了什么效果。原文虽然增加了许多字，其实这些字用得都不大有效果的。

以上所说的是字面的省略，次之要说到意义的省略了。我们写述了一件东西或是一件事情，当然是因为自己对于那东西、那事情抱有某种意义，觉得非表达不可，才去执笔的。如写某孝子的传，当然意义在佩服某孝子；记某地名胜，当然意义在赞扬某地的风景。绝不会有毫无意义漫然去写文章的作者。有时候作者要想表达某种意义，甚至于虚构了世间没有的东西或事情来写（如寓言、童话、小说等类的文章里，常有这种情形），足见意义在文章上的重要了。这重要的意义，照理应该表达得很透彻明白。可是实际的情形却不然，除论说文外，作者往往把自己所想表达的意义说得非常简略，不随处吐露，或竟隐藏起来，在全篇文章里不露一言半句，让读者自己去探索。越是高级的作品越是如此。常见有人作《义犬记》，把义犬的故事写明白了以后，结末再来把自己的意义表白清楚，说什么："呜呼！如斯犬者可以风世矣。余有感其事，故记之"。或"犬尚知忠于主人，何以人而不如犬乎？"这种表达意义的方法其实很笨。聪明的作者只把所要写的东西或事情好好地写出，至于自己所怀抱的意义却竭力隐藏起来，不多说，或竟一字不说。例如：

太行、王屋二山，方七百里，高万仞。本在冀州之南，河阳之北。北山愚公者，年且九十，面山而居，惩山北之塞，出入之迂也，聚室而谋曰：“吾与汝毕力平险，指通豫南，达于汉阴，可乎？”杂然相许。

其妻献疑曰：“以君之力，曾不能损魁父之丘，如太行、王屋何！且焉置土石？”杂曰：“投诸渤海之尾，隐土之北。”遂率子孙荷担者三夫，叩石垦壤，箕畚运于渤海之尾。邻人京城氏之孀妻，有遗男，始龀，跳往助之；寒暑易节，始一反焉。

河曲智叟笑而止之曰：“甚矣汝之不惠！以残年余力，曾不能毁山之一毛，其如土石何！”北山愚公长息曰：“汝心之固，固不可彻；曾不若孀妻弱子。虽我之死，有子存焉；子又生孙，孙又生子，子又有子，子又有孙，子子孙孙，无穷匮也；而山不加增，何苦而不平？”河曲智叟无以应。

操蛇之神闻之，惧其不已也，告之于帝。帝感其诚，命夸娥氏二子负二山，一厝朔东，一厝雍南。自此冀之南汉之阴无陇断焉。

——《列子·汤问》

《列子》据说是伪书，不知这故事的作者究竟是谁。作者写这故事，意义不消说在表达“锲而不舍的精神可以宝贵”的大道理，从全体看来，作者所写记的只是故事本身，不曾对于自己所怀抱的意义说过什么话。作者虽然不说出自己的意义，意义却很明白，对于读者，效果不但并未减少，反而深切。因为这时读者所获得的效果，是从言外自己得来的，带有发见的欢喜，悟得的自信，和作者所明白谆谆提示的情形不同。

作者抱了某种意义去写文章，不将意义尽情写出，这在作者也许是难过的事。可是从普通文章的情形看来，却是无可如何的。作者所想表达的意义，有关于整篇的题材的，也有关于部分的材料的。关于整篇的题材的意义，有许多作者因为熬不住了，往往在文章结尾或开端的地方表出，如为悲悼良友写祭文，用“呜呼 × 君”起或用“呜呼哀哉”结，是常见的。至于关于部分的材料如果要一一表出意义，那就不胜其烦。结果会一段叙述，一段说明或论断，弄得文派杂乱不一致。试取前人名文一节，逐处添加了意义来看。例如归有光的《项脊轩志》末一段：

> 余既为此志，后五年，余妻来归，时至轩中从余问古事，或凭几学书。（甚乐焉。）吾妻归宁，述诸小妹语曰：“闻姊家有阁子，且何谓阁子也？”（盖余妻归宁时常与诸小妹言及南阁子，诸小妹怪而问之，足见余妻之恋恋于斯室矣。）其后六年，吾妻死，室坏不修。（恐引起悲怀，不敢复居此室，故任其坏也。）其后二年，余久卧病无聊，乃使人复葺南阁子，其制稍异于前。（庶几前尘影事，免索余怀，可以安居。）然自后余多在外，不常居。（心与愿违，可叹也。）庭有枇杷树，吾妻死之年所手植也，今已亭亭如盖矣。

（睹物思人，曷胜悼伤。）

括弧内的文句是我依了原文的情形胡诌了增加进去的，这对于原文，实在等于佛头着粪，大是一种冒渎。可是一般所谓作者的意义，其实就是这类的东西。经过这样画蛇添足的增加以后，在读者的眼里，文章的力量不但不增加，反会减损。因为读者已无自由探索意义的余地了。

以上所说的是意义的省略，再次之是事件的省略。我们写述一件事情，并不要一五一十丝毫不漏地如数写述下来。有许多事情，经过很复杂，关系方面很多，或本身范围极大，要写也无从写起，如战争的实况。此外，还有许多事情在普通事情里是不便露骨地写的，如男女间秽亵的情事，杀人的惨酷的情形。幼稚的旧剧优伶往往把舞台上演不相像的事件来瞎演一阵，他们用八个“跑龙套”来打仗，“当场出彩”杀人，或描摹男女间的秽亵，甚至于恐怕演得不像，有时还要弄些“真山真水”“真马上台”的把戏。他们自以为再忠于观客没有了，其实在聪明的观客，这些扮演却是一种苦痛的负担。文章和演剧一样，文字不是万能的东西，如果把写不像或不必写的部分也一一来硬写，结果对于读者是吃力不讨好的。聪明的作者绝不干此愚事，他们先就效果着想，认为写无甚效果的部分，不重要的固然省略，就是重要的也省略。他们只用经济的手腕，以“一笔带过”的方法，来弥缝事件和事件间的窟洞。例如下文：

马伶者，金陵梨园部也。金陵为明之留都，社稷百官皆在；而又当太平盛时，人易为乐。其士女之问桃叶渡、游雨花台者，趾相错也。梨园以技鸣者无虑数十辈；而其最著者二，曰兴化部，曰华林部。

一日，新安贾合两部为大会，遍征金陵之贵客文人，与夫妖姬静女，莫不毕集。列兴化于东肆，华林西肆。两肆皆奏《鸣凤》所谓椒山先生者。迨半奏，引商刻羽，抗坠疾徐，并称善也。当两相国论河套，而西肆之为严嵩相国者曰李伶，东肆则马伶。坐客乃西顾而叹，或大呼命酒，或移更近之，首不复东。未几，更进，则东肆不复能终曲。询其故，盖马伶耻出李伶下，已易衣遁矣。

马伶者，金陵之善歌者也；既去，而兴化部又不肯辄以易之，乃竟辍其技不奏。而华林部独著。

去后且三年，而马伶归，遍告其故侣，请于新安贾曰：“今日幸为开宴，招前日宾客，愿与华林部更奏《鸣凤》，奉一日欢。”

既奏，已而论河套，马伶复为严嵩相国以出。李伶忽失声，匍匐称弟子。兴化部是日遂凌出华林部远甚。

其夜，华林部过马伶曰：“子，天下之善技也，然无以易李伶。李伶之为严相国，至矣；子又安从授之而掩其上哉？”

马伶曰："固然，天下无以易李伶，李伶又不肯授我。我今闻相国昆山顾秉谦者，严相国俦也。我走京师，求为其门卒三年。日侍昆山相国于朝房，察其举止，聆其语言，久乃得之。此吾之所为师也。"

华林部相与罗拜而去。

马伶名锦，字云将，其先西域人，当时犹称马回回云。

——侯方域《马伶传》

这篇文章里面所记的事件并不连续，有着许多的窟洞，作者用"一日""去后且三年""既奏""其夜"等说法，一方面把本来连续着的事件任意割取，一方面又把窟洞弥缝了。依文章所表达的内容说，马伶走京师入相国昆山顾秉谦门下为门卒，是经过三年的光阴的，应该有大大的一段经过，可是作者却全部省略，只在马伶的谈话中"一笔带过"了。如果作者用了五百字或一千字来把这段经过详叙，效果也不会比原文增加吧。没有效果的文字当然应该省略。再举一例如下：

唧唧复唧唧，木兰当户织；不闻机杼声，唯闻女叹息。

问女何所思，问女何所忆。女亦无所思，女亦无所忆。昨夜见军帖，可汗大点兵；军书十二卷，卷卷有爷名。阿爷无大儿，木兰无长兄；愿为市鞍马，从此替爷征。

东市买骏马，西市买鞍鞯，南市买辔头，北市买长鞭。

旦辞爷娘去，暮宿黄河边，不闻爷娘唤女声，但闻黄河流水鸣溅溅。旦辞黄河去，暮至黑水头，不闻爷娘唤女声，但闻燕山胡骑声啾啾。

万里赴戎机，关山度若飞，朔气传金柝，寒光照铁衣。将军百战死，壮士十年归。

归来见天子，天子坐明堂，策勋十二转，赏赐百千强。可汗问所欲，木兰不愿尚书郎；愿借明驼千里足，送儿还故乡。

爷娘闻女来，出郭相扶将。阿姊闻妹来，当户理红妆。小弟闻姊来，磨刀霍霍向猪羊。开我东阁门，坐我西阁床。脱我战时袍，着我旧时装。当窗理云鬓，对镜贴花黄。出门看伙伴，伙伴皆惊惶；同行十二年，不知木兰是女郎。

雄兔脚扑朔，雌兔眼迷离，两兔傍地走，安能辨我是雄雌。

——《木兰诗》

这是写木兰从军的，战争当然是题材的中心部分。作者对于出征前的情形写得很周详，对于凯旋后的光景也写得很热闹。写战争的部分却只“万里赴戎机，关山度若飞。朔气传金柝，寒光照铁衣。将军百战死，壮士十年归”六句，而且“万里赴戎机，关山度若飞”二句是未战以前的事，“将军百战死，壮士十年归”是既战以后的事，真正和战事有关系的情景只有“朔气传金柝，寒光照铁衣”十个大字。这十个大字，所表达的只是一时的战场上的光景，并不是战争的本身。木兰从了十二年的军，这首诗又是写她的从军的，对她作战的经过居然不着一字，这不是作者的疏忽，倒是作者的技巧。文字不是万能的工具，如果作者用了文字想把十二年的长期的战争来描绘来传述，结果等于旧剧伶人带了几个“跑龙套”来扮演打仗，有什么效果呢？

凡是一种事件，方面很广，内容很庞杂，作者只能选写一部分、一方面，其余让读者自己去补足想象。有许多事件，像战争之类，不实写，表达的效果倒反完全，挂一漏万地写出来，事件本身就倒反会有欠缺的。绘画上有“空白”的用语，画家作画不论人物、花卉或是山水，没有把画面全体涂满的，常空出一处或几处，这叫“空白”。画家对于空白常大费苦心，一幅画的好坏，空白的适当与否是重要的条件。空白也是画，不是普通的白纸，这是凡能看画的人都知道的事。文章和绘画有许多共同之点，事件的省略和空白对比起来，不是很易明了的吗？

关于文章的省略，值得注意的事项当然还很多，这里只就字面、意义、事件三个方面说了一个大概。文章的许多法则，大之如章法布局，小之如炼字造句，差不多都和省略有关，可以当作省略的另一方面来连带考察的。

文章的静境

文章上描写事物，有动的和静的两种境界。这动、静两种境界，通常混合在一处。如：

我满腔的愤怒，再有露胸朋友那样的话在路上吧？我向前走去。

依然是满街恶魔的乱箭似的急雨。

——叶圣陶《五月卅一日急雨中》

就这几句文章中来看，前一段是动的，后一段和前一段比较，可以说是静的。“我满腔的愤怒”“我向前走去”，固然是含有动作的说法，“再有露胸朋友那样的话在路上吧”，是作者的推想，也是一种动作的表现。“依然是满街恶魔的乱箭似的急雨”，所表出的只是当前一时的光景，并无什么动作可言。用电影的用语来说，只是一种特写的场面而已。

以上所述的是动和静的最初步的分别，让我们再来作进一步的考察。

文章中所表现的动作，依性质细分起来可有好几种不同。

（一）文章中事物本身的动作

文章既然是描写事物的，当然有事物，这些事物的动作也就在文章中表现着。如果那文章有一部分是写作者自己的，作者本身就成了文章中的事物，所表现出来的动作，也和这性质相同。如：

那日正是黄梅时候，天气烦燥（静）。王冕放牛倦了，在绿草地上坐着（王冕动）。须臾浓云密布（云动）。一阵大雨过了（雨动），那黑云边上镶着白云渐渐散去（云动）。透出一派日光来，照耀着满湖通红（日光动）。湖边上山青一块，紫一块，绿一块，树枝上都像水洗过一番的，尤其绿的可爱（静）。湖里有十来枝荷花，苞子上清水滴滴，荷叶上水珠滚来滚去（水在荷上动）。王冕看了一回，心里想道："古人说，人在画图中，其实不错。可惜我这里没有一个画工，把这荷花画他几枝，也觉有趣。"又心里想："天下哪有学不会的事，我何不自画几枝？"（王冕动）

——《儒林外史》

于是携酒与鱼，复游于赤壁之下（作者动）。江流有声，断岸千尺，山高月小，水落石出（静）。

——苏轼《后赤壁赋》

（二）作者对于事物的感觉或解释

事物本身并不曾有动作，因了作者的感觉或解释，好像有某种动作的样子，于是把这些动作也在文章上表现出来了。如：

> 但闻四壁虫声唧唧，如助予之叹息。
>
> ——欧阳修《秋声赋》

这里面“闻”的动作为作者所发，是实在的。至于“助”的动作，完全出于作者的感觉或解释，和真正的动作性质不同。这种例子很多，如：

> 平林漠漠烟如织，寒山一带伤心碧。
>
> ——李白《菩萨蛮》
>
> 数峰清苦，商略黄昏雨。
>
> ——姜夔《点绛唇》

所谓“织”“商略”，都是作者的感觉或解释，作者为了要写出某种情感，不但费了许多苦心去选择适当的事物，还给事物加了自己所需要的色彩。这种描写方法在诗词里常常可碰到。

文章中的动的境界，似乎不出上面的两种，一是文章中的事物自己在那里动作；一是事物本身并无动作，作者因了某种感觉或解释，赋给它一种动作。如果分别起来，前一种可以说是动境；后一种可以说是静境，因为事物本身原无动作，那动作是作者故意赋给它的。

上面两种境界，句子里都含有动词，不论那动作是事物本身的或作者赋给的。文章中尚有一种句中只有形容词不见一个动词的描写法。这境界更静了。如前例中的

> 寒山一带伤心碧。
>
> 数峰清苦。

都没有动词，只有“寒”“伤心”“碧”“清”“苦”等类的形容词。这些形容词也是作者的感觉或解释。作者因了自己的情感，任意地把事物来作各种各样的形容修饰。同是对于风，心绪爽朗的时候可以说“飘飘”，阴惨的时候可以说“萧萧”或“飒瑟”，目的就在想借了这些字面来表达自己所要表出的情感。这些加形容的静的景物，在文章中有着烘托的力量，利用得好可以收到画面的效果。如：

> 风萧萧兮易水寒，壮士一去兮不复还。
>
> ——《渡易水歌》
>
> 枯藤老树昏鸦，小桥流水人家，古道西风瘦马，夕阳西

下，断肠人在天涯。

——马致远《天净沙·秋思》

第一例上句没有动词，是静境，第二例前三句没有动词，每句只有三个加了形容的名词叠在一处，也是静境。作者在这些景物上除加形容词外不曾表示什么意见，有什么做作，可是对于文章全体却有很大的效力，从文章全体看来，并不是闲文字。试把这些静的景物除去或更换别的，就会失掉文章原来的情味。

静境之中还有更进一步的，作者不但不依照自己的情感赋给事物以动作，也不给事物擅加形容和修饰，不但没有动词，连形容词也不漫然使用，只照事物本来的名称写在文章中就算，结果所写出的只有寻常的事物名。这种描写的方法在诗词里很多，如：

鸡声茅店月，人迹板桥霜。

——温庭筠《商山早行》

春去也，归来否？五更楼外月，双燕门前柳。人不见，秋千院落清明后。

——赵闻礼《千秋岁》

这里写景物，完全是景物和景物的排列，把许多景物如“鸡声”“茅店”“月”摆在一处，“双燕”“门前”“柳”摆在一处，此外作者并未有什么说明，事物本身的动作也丝毫没有，可以说是静境的极致了。作者赋给事物以动作，或给事物加上合乎自己情感的形容词。在那些文章里，显然露出作者的主观，换句话说，就是从文章里可以找得出作者的影子的。到了只有事物名称的时候，作者的影子已完全躲闪干净，他只选了几种可以暗示某种情感的事物，巧妙地加以排列，用字面写记出来，让读者自己去领略他所发抒的情感。这种技巧是值得注意的。

用静的事物来示唆情感的描写方法，诗歌中最多，小说中也有，普通散文中似乎并不多见。龚自珍的《记王隐君》的末段好像应用这方法。原文不长，把它全录在下面：

于外王父段先生废簏中，见一诗，不能忘。于西湖僧经箱中，见书《心经》，蠹且半，如遇簏中诗也，益不能忘。

春日，出螺师门，与轿夫戚猫语。猫指荒冢外曰："此中有人家。段翁来杭州，必出城访其处。归，不向人言。段不能步，我舁往。独我与吴轿夫知之。"循冢得木桥，遇九十许人，短褐曝日中。问路焉，告聋。予心动，揖而徐曰："先生真隐者。"答曰："我无印章。"盖"隐者"与"印章"声相近。日晡矣，猫促之，怅然归。

明年冬，何布衣来，谈古刻，言："吾有宋拓李斯琅邪石。吾得心疾，医不救。城外一翁至，言能活之。两剂而愈。曰：'为此拓本来也。'入室，径携去。"他日，见马太常，述布衣言。太常俯而思，仰而掀髯曰："是矣是矣！吾甥锁成，尝失步，入一人家。从灶后䆗户出，忽见有院宇，满地皆松化石。循读书声逨入室，四壁古锦囊，囊中贮金石文字。案有《谢朓集》，借之，不可，曰：'写一本赠汝。'越月往视，其书类虞世南。曰：'蓄书生乎？'曰：'无之。'指墙下锄地者：'是为我书。'出门，遇梅一株，方作华，窃负松化石一块归。若两人所遇，其皆是与？"

予不识锁君，太常、布衣皆不言其姓，吴轿夫言仿佛姓王也。西湖僧之徒取《心经》来，言是王老者写。参互求之，姓王何疑焉？惜不得锄地能书者姓。桥外大小两树，依倚立，一杏，一乌桕。

这末尾的"桥外大小两树，依倚立，一杏，一乌桕"数语，很突兀，可是意境却很丰富。第一，可以窥见作者"不能忘"的依恋情怀，和重来寻访的热意。第二，可以表出隐士所居地的幽邈自然。第三，文中记着两个异人，一是"王老者"，一是"锄地能书者"，所谓"大小两树，依倚立"云云，也许就可作为并耕偕隐的象征。是非常耐人寻味的文字。

依上所说，文章中的描写有动静二境，静境之中又可分为三种：（一）是作者赋给事物以动作的；（二）是作者给事物加上了形容修饰的；（三）是不赋给动作，也不任意附加形容修饰，只把事物的名称关联了写记的。这三种静境，对于文章全体都有背景或画面的效力。描写静境对于表达情感是有效的手段。在这里，我们碰到了事物和情感的关系的问题了。

我们自有生以来，直接、间接地经验过许多事物，每次和事物接触的时候，就生一种情感，结果这一种情感就和事物联结在一处，只要一提到那事物的名称，某种情感就引来了。我们从经验知道“血”是可怕的，一听到“血”字就会起恐怖之情；知道“花”是美丽的，一提到“花”字就会起美丽之感。花的谢落，在经验上是觉得可惜的，于是“落花”一语就带了惆怅的情味。事物可以寄托情感，结果那表达事物的字面也含有寄托情感的力量了。所以，文字并不只是白纸上的点画撇捺，俨然是个有生命的东西。事物所寄托的情感因人的感觉锐敏与否，原可有多少的差异，最大的差异倒在经验（不论直接的或间接的）的多寡。对于荆棘的实物，不论识字的或不识字的，所发生的情感大概差不多，用字面表示出来，只要是识得这“荆棘”二字的就会引起同样的情感。可是“荆棘铜驼”，在未从书本上的间接经验懂得这典故的人，就不会起“荒凉”“感慨”等等的情感了。

事物和情感既有如此密切的关系，事物的名称本身就可利用了来暗示情感，因此之故，文章中在描写一桩事件的时候，常常有牵涉到别的和本文不大有关的事物的事。本文在说“壮士一去兮不复还”，却先说什么“风萧萧兮易水寒”；本文是要说“有人楼上愁”（李白《菩萨蛮》），却先说什么“平林漠漠烟如织，寒山一带伤心碧”。作者的目的都在利用景物作背景，来烘托自己所描写的情感。

文章中利用别的事物作背景的方法有两种，一是选取和自己所想表现的情感一致的，如写悲哀的情感的时候，用可悲的事物来附加进去；一是选取和自己所想表现的情感反对的，如写寂寞的情感的时候，故意兼写热闹的场面。白居易的《长恨歌》写玄宗还宫以后悼亡的悲怀，利用各种各样的事物。试取一节为例：

> 归来池苑皆依旧，太液芙蓉未央柳。芙蓉如面柳如眉（以上反用），对此如何不泪垂？春风桃李花开日（反用），秋雨梧桐叶落时（正用）。

以上所述，都是关于静境的。其实，既承认事物可以暗示情感，只要是用到事物的地方，都可用同样的眼光去对付，不必拘泥于是静境不是静境。文章里的字面往往可以决定文章的内容。试观下例：

> 海潮东来，气吞江湖。快马斫阵，登高一呼。如波轩然，蛟龙牙须。如怒鹘起，下盘浮图。千里万里，山奔雷驱。元气不死，乃与之俱。
>
> ——郭麐《词品·雄放》

这是描写“雄放”的情感的，其中有静境，也有动境。如果把里面所有事物的名称一一摘出来，如“海潮”“江湖”“快马”“阵”“波”“蛟龙”等等，在字面上都能引起雄健奔放之情感。这是当然的，因为作者对于这些事物曾经依了自己的目的严加选择，字面上所发生的效果并非偶然。

纯粹静境的描写以诗词中为多，至于不论动、静，用一般事物名称来诱致情感的方法，寻常散文里当然可以普遍应用。例如：

> 当时黛玉气绝，正是宝玉娶宝钗的这个时辰。紫鹃等都大哭起来。李纨、探春想他素日的可疼，今日更加可怜，便也伤心痛哭。因潇湘馆离新房子甚远，所以那边并没听见。一时，大家痛哭了一阵，只听得远远一阵音乐之声，侧耳一听，却又没有了。探春、李纨走出院外再听时，唯有竹梢风动，月影移墙，好不凄凉冷淡。
>
> ——《红楼梦》第九十八回

这不消说是一段悲哀的文章，从来不知道曾有多少读者下过眼泪。试把其中所用的字面检查起来，可以发见有许多事物名用得很有效果。如“宝玉娶宝钗的这个时辰”“素日的可疼”“今日”“新房子”“远远一阵音乐之声”“竹梢”“月影”，有的正用，有的反用，安排得很好。这段文章之所以能教唆读者引起悲怀，大半的原因恐怕就在于这些字面上。

文章的动态

前回写过一篇《文章的静境》，连类所及，现在讲文章的动态。《文章的静境》里所讲的是文章中不用动词的部分，讲文章的动态，不消说所关涉的是用动词的部分了。

动词原是用来记述事物的动作的，但只是记述动作，并不一定就会有动态。文章的工具是文字语言。文字语言只是一种符号，和事物本身的情形不同。事物的动作如果只用文字语言记述下来，未必就能在读者听者心里引起动作的印象。例如说“花落”“鸟啼”，只是一种事物动作的记述，并不就能叫读者听者感觉到“花在怎样落”“鸟在怎样啼”的光景，换句话说，记述事物的动作，并不就可算表达了事物的动态。

就许多艺术看来，戏剧以外，真能表达事物的动态的是电影，此外如绘画、雕刻、文章等都不及电影的便利。这是艺术工具各不相同，本身性质使然，无可如何的事。电影的所以能充分表达事物的动态，不外乎连续和展进两个原因。电影本身原是一张张的连续照片，因为转动得相当快速，观者眼里前一张照片的残像尚未消失，第二张照片又映到眼里来了。这样连续进行，于是观者觉得事物在那里动，完全看到了事物的动态。把文章来比电影，究竟望尘莫及。不信，试到电影院去，把看电影和看电影故事说明书的印象双方对照一下就可明白。电影故事说明书是依照了所放映的电影内容编写的，所用的工具就是文字语言，你看比电影相差多远呢？

可是，除了电影以外，比较可以表达事物的动态的还要推文章。绘画、雕刻在这点上更比文章不如。原因是绘画、雕刻是展开在一时的，看去一目了然。文章以文字语言为工具，文字语言虽写在纸上或只是一种声音，却可以叫人一字一句地读去、听去，逐渐理解，保持住若干的连续性、展进性，不像绘画、雕刻的在最初就全体展开在观者眼前，丝毫无连续展进可言。《虬髯客传》是用文字语言写的，读去虽不及看电影，却可以知道事情先是怎样，后来怎样，结果怎样，是连续的、展进的。可是绘画或雕刻呢，只能表达一个场面，如我们常见到的《风尘三侠图》就是。论其位置，在电影里只是一小段中的一张片子罢了。

由此可知，文章是可以表达事物的动态的，表达动态，最便利的是电影，要在文章上表达动态，似乎也可应用电影的原理归纳出几个原则来。

以下把事物的动作分作两类来加以考察：（一）是连续的动作；（二）是片段的动作。凡是动作，原都前后连续着，可是在文章里有只记述一个动作的，也有把两个以上的动作顺次记述的。如“花落”“鸟啼”各记述一个动作“落”“啼”，属于片断的动作。“举杯邀明月”把“举”和“邀”两种动作连续着，先“举”后“邀”，属于连续的动作。试再看下例：

孺人之吴家桥则治木棉，入城则缉纻，灯火荧荧，每至夜分。外祖不二日使人问遗，（孺人不忧米盐，乃劳苦若不谋夕。）冬月炉火炭屑，使婢子为团，累累暴阶下。……儿女大者攀衣，小者乳抱，手中纫缀不辍。

——归有光《先妣事略》

我看见他戴着黑布小帽，穿着黑布大马褂，深青布棉袍，蹒跚地走到铁道边，慢慢探身下去，（尚不大难，可是他穿过铁道要爬上那边月台，就不容易了。）他用两手攀着上面，两脚再向上缩；他肥胖的身子向左微倾，显出努力的样子。这时我看见他的背影，我的泪很快地流下来了。我赶紧拭干了泪，（怕他看见，也怕别人看见。）我再向外看时，他已抱了朱红的橘子望回走了。过铁道时，他先将橘子散放在地上，自己慢慢爬下，再抱起橘子走。过这边时，我赶紧去搀他，他和我走到车上，将橘子一股脑儿放在我的皮大衣上，于是扑扑衣上的泥土，心里很轻松似的。

——朱自清《背影》

上面两段文章，有一部分是作者的解释，不是事物本身的动作，特用括弧为记。除此以外都是记动作的了，第一例各种动作有许多是不连续的、片段的，第二例是连续的。

现在先讲连续的动作。连续在电影里原是一个重要的条件，电影的所以能表达动态，就一半靠有连续。连续越紧凑越能表达动态。平剧《乌盆记》丑角张别古有一段说白，听去很有动态的，现在录在这里：

我搁下了盆，放下了罐，拿起钥匙，通开了锁的屁股门，推开了门，拿起了盆，进了门，搁下了盆，放下了罐，关上了门，拿起床来顶上了门。

这段说白的所以有动态，句式构造的流利和用韵，也许亦是原因之一，但最大的原因就是动作连续的紧凑。用电影上的话来说，就是在观者网膜上留着前片残像的时候，再接上一张片子去。

为要保持动作的连续紧凑，文章上常用着种种方法。下面两种是最普通的。

（甲）利用短促的句逗

繁长的词句，念去、看去都费时间，接续起来，前动作的残像容易在念头上消去，前印象和后印象的连续，就不紧凑。若用短促的句逗，可以免掉这缺陷。所以从来描写动态的文章十之八九都是用短句逗的。如：

轲既取图奏之，秦王发图，图穷而匕首见。因左手把秦王之袖，而右手持匕首揕之，未至身。秦王惊，自引而起，袖绝。拔剑，剑长，操其室。时惶急，剑坚，故不可立拔。荆轲逐秦王，秦王环柱而走，群臣皆愕。（卒起不意，尽失其度。而秦法：群臣侍殿上者不得持尺寸之兵，诸郎中执兵皆陈殿下，非有诏召不得上。方急时不及召下兵，以故荆轲乃逐秦王，而卒惶急无以击轲，而以手共搏之。）是时侍医夏无且以其所奉药囊提荆轲也。秦王方环柱走，卒惶急不知所为，左右乃曰："王负剑！王负剑！"遂拔以击荆轲，断其左股。荆轲废，乃引其匕首以擿秦王，不中，中铜柱。秦王复击轲，轲被八创。

——《史记·刺客列传》

项王至阴陵，迷失道，问一田父。田父绐曰："左。"左，乃陷大泽中。

——《史记·项羽本纪》

这都是叙述动作的典型的文章，句逗何等简洁、迫促。有两三个字成句逗的，还有以一个字为句逗的。第一例的用"而"字的地方，特别值得注意。上下两种动作用"而"字连结起来的时候很多。如：

齐侯游于姑棼，遂田于贝丘，见大豕。从者曰："公子彭生也。"公怒曰："彭生敢见！"射之，豕人立而啼。公惧，坠于车，伤足，丧屦。反，诛屦于徒人费，弗得，鞭之见血。走出，遇贼于门，劫而束之。费曰："我奚御哉？"袒而示之背，信之。费请先入，伏公而出，斗死于门中。

——《左传·庄公八年》

这段文章中有四处用着"而"字，"而"字上下的两种动作都是连续的。语体里的"了"字，有时也有这种功用，如说"吃了饭上车"，"吃饭"和"上车"就有连续关系了。用"而"字或"了"字的句逗虽较长，其实是两个句逗的连合，如"袒而示之背"，可以除去"而"字，分成"袒""示之背"两个句逗，"吃了饭上车"，可以除去"了"，分成"吃饭""上车"两个句逗。这种用"而""了"的句逗，虽然多加了一个字，仍不失短句逗的功用。

（乙）提示短迫的时间

动作和动作间的时间相隔越小，越能表出连续的紧凑。电影里影片的转动可以快慢自由，容易做到任意的时间距离，文章上对于这一点，则有提示时间的办法，声明动作和动作间的时间距离多少。在描绘动态的文章里，这时间往往声明得很短。如：

仰视浮云驰，奄忽互相逾。

——李陵《答苏武》

手执生绡白团扇，扇手一时如玉。

——苏轼《贺新郎》

应把花卜归期，才簪又重数。

——辛弃疾《祝英台近》

探春、紫鹃正哭着叫人端水来给黛玉擦洗。李纨赶忙进来了，三个人才见了不及说话，刚擦着，猛听黛玉直声叫道："宝玉，宝玉，你好！……"说到"好"字，便浑身冷汗，不作声了。

——《红楼梦》第九十八回

这类提示时间短迫的方式很多很多。普通文章上用"忽""于是""遂""即""未几""顷之""同时"等字语的地方都在利用这技巧。旧小说里的所谓"正……时""说时迟，那时快"，也是表明时间相隔极短的。此外还有许多限制时间的方法，如"一"字在语体里往往被用到动词上来表达动作经过的快速。例如：

那大虫又饥又渴，把两只爪在地上略按一按，和身望上一扑，从半空里撺将下来。武松被那一惊，酒都做冷汗出了。说时迟，那时快，武松见大虫扑来，只一闪，闪在大虫后背。

——《水浒传》第二十三回

诸如此类的方法，说也说不尽，只要在读文字听言语的时候随时留意，自然还可有所发见。要之，文章中所写的动作如果是连续的，应保持它的连续的紧凑。上面所举的各种方法，目的都无非为图动作的连续紧凑而已。

以下再讲片段的动作。连续的动作是有两个以上的动作连续在一处的，这动作和那动作间天然有着前后的时间关系，仅只动作和动作，已呈露出连续和展进的形式，本身就是动的。如说“举杯邀明月”，“举”和“邀”两个动作是连续的、展进的。若只说“举杯”或“邀明月”，就成片段的动作，“举”只是“举”，“邀”只是“邀”，本不连续，更无展进可言。这只能说是动作的记述，不能表达动态。

让我们再来说电影。“举杯”“邀明月”这两个动作，在文章里是片段的，在电影里却是连续的。假定从桌上举起杯子来，举到二尺高，电影里就有好几张片子来表达。对于“邀”的动作，亦应有好几个姿势，用好几张片子来表达。如果是有声电影，还可用声音来做表现动作的帮助，动态仍能完全表达的。文章中对于片段的动作要想表达动态，也得应用电影的方法。

（丙）分析动作的顺序步骤

事物的动作虽只有一种，如果分析起来，自有着许多顺序步骤，从这些顺序步骤里也可看出连续和展进来。说“花落”是片段的动作，说“花片片地落”，是带说着“落”的顺序步骤，是连续的展进的。后者较之前者，容易叫人引起动的幻觉，容易表达动态。这方法被许多文章家运用着，如：

兵入，以戈刺床下，数刺，数抵其隙。

——王猷定《钱烈女墓志铭》

一杯劝一杯，沉沉虎竟醉。……一刀初刺虎犹纵，三刀四刀虎不动。

——袁枚《费官人刺虎歌》

军书十二卷，卷卷有爷名……愿为市鞍马，从此替爷征。东市买骏马，西市买鞍鞯。南市买辔头，北市买长鞭。

——《木兰诗》

见渔人，乃大惊。问所从来，具答之。……村中闻有此人，咸来问讯。……此人一一为具言所闻，皆叹惋。余人各复延至其家，皆出酒食。……既出，得其船，便扶向路，处处志之。

——陶潜《桃花源记》

（丁）摹写从动作得到的感觉

事物在动作的时候对于我们的感官给予各种各样的感觉，把这感觉扼要地记述出来，也是传出动态的一种方法。为了要表达动态，与其说“金鱼在玻璃缸中游行”，不如说“金鱼在玻璃缸中闪烁着红光”；与其说“天打雷了”，不如说“天隆隆地打雷了”，来得动人。前者只是片段的动作的记述，后者比较能表现动态。在我们的感觉当中，文章上最被采用的是视觉和听觉，尤以用听觉为最便利、最直捷。例如：

> 伐木丁丁，鸟鸣嘤嘤。
>
> ——《诗经·伐木》
>
> 哗啦啦打罢了头通鼓。
>
> ——平剧《珠帘寨》
>
> 唧唧复唧唧，木兰当户织。
>
> ——《木兰诗》
>
> 适有大星，光煜煜自东西流。
>
> ——程敏政《夜渡两关记》
>
> 船尾跳鱼拨剌鸣。
>
> ——杜甫《漫成一绝》

写片段的动作，要想表达动态，上面的两种方法是可用的。

这两种方法不但在片段的动作上可用，也可用在连续的动作上。因为在连续动作之中，把某一种动作抽出来看，就是片段的动作了。

（甲）（乙）（丙）（丁）四种方法，并不各自独立的，前面把它分项叙述，只是谋了解上的便利而已。这几种方法在文章里往往被参互夹杂使用。试看下例：

> 那大虫又剪不着，再吼了一声，一兜兜将回来。武松见那大虫复翻身回来，双手轮起哨棒，尽平生气力，只一棒，从半空劈将下来。只听得一声响，簌簌地将那树连枝带叶劈脸劈将下来。定睛看时，一棒打不着大虫，正打在枯树上，把那哨棒折做两截，只拿一半在手里。那大虫咆哮性发起来，翻身又只一扑扑将来。武松又只一跳，却退了十步远。那大虫却好把两只前爪搭在武松面前。武松将半截棒丢在一边，两只手就势把大虫顶花皮肐搭地揪住，一按按将下来。
>
> ——《水浒传》第二十三回

在这段文章里（甲）（乙）（丙）（丁）四种方法都用到，并不只限定用某一种。

文章的动态，这题目如果从各方面来探讨，当然尚有不少可以发掘的地方。本文所说的，只是我个人的浅陋的考察的结果。

作文的基本的态度

我曾看了不少关于文章作法的书籍，觉得普通的文章，其好坏大部分和态度问题有关；只要能了解文章的态度，文章就自然会好，至少可以不致十分不好。古今能文的人，他们对于文章法诀各有各的说法，一个说这样，一个说那样，但是千言万语，都不外乎以读者为对象，务使读者不觉苦痛厌倦而得趣味快乐。所谓要有秩序，要明畅，要有力等等，无非都是想适应读者的心情。因为离了读者，就可不必有文章的。

要使文章能适合读者的心情，技巧的研究原是必要，态度的注意却比技巧更加要紧。技巧属于积极的修辞，大部分有赖于天分和学力；态度是修辞的消极的方面，全是情理范围中的事，人人可以学得的。要学文章，我以为初步先须认定作文的态度。作文的态度就是文章的 ABC。

初中的学生，有的文字已过得去，有的还不大好。现在作文用语体，只要学过了语法的，语句上的毛病当然不大会有；而平日文题又很有自由选择的余地，何以还有许多的毛病呢？我以为毛病都是由态度不对来的。态度不对，无论加了什么修饰或技巧，文字也不能像样，反觉讨厌。好像五官不正的人擦上了许多脂粉似的。

文章的态度可以分六种来说。我们执笔为文的时候，可以发生六个问题：

（1）为什么要作这文？

（2）在这文中所要述的是什么？

（3）谁在作这文？

（4）在什么地方作这文？

（5）在什么时候作这文？

（6）怎样作这文？

用英语来说，就是 Why？ What？ Who？ Where？ When？ How？六字可以称为“六 W”。现在试逐条说述。

（1）为什么要作这文？

这就是所以要作这文的目的。例如，这文是作了给人看的呢，还是自己记着备忘的？是作了劝化人的呢，还是但想使人了解自己的意见，或是和人辩论的？是但求实用的呢，还是想使人见了快乐、感得趣味的？是试验的答案呢，还是普通的论文？诸如此类，目的可各式各样，因了目的如何，作法当然不能一律。普通论文中很细密的文字，当作试验答案就冗琐讨厌了。见了使人感得趣味快乐的美文，用之于实用就觉得不便了。周子的《爱莲说》，拿到植物学中去当关于说明“莲”的一节，学生就要莫名其妙了。所取的题目虽同，文字依目的而异，认定了目的，依了目的下笔，才能大体不误。

（2）在这文中所要述的是什么？

这是普通所谓题义，就是文章的中心思想。作文能把持中心思想，自然不会有题外之文。例如在主张男女同学的文字中，断用不着“乾道成男，坤道成女”“男子三十而娶，女子二十而嫁”等类的废话。在记述风灾的文字，断不许有飓风生起的原因的科学的解释。我在某中学时，有一次入学试验，我出了一个作文题《元旦》，有一个受试者开端说“元旦就是正月一日，人民于此日大家休息游玩……”等类的话，中间略述社会欢乐情形，结束又说“……不知国已将亡……凡我血气青年快从今日元旦觉悟……”等，这是全然忘了题义的例。

（3）谁在作这文？

这是作者的地位问题，也就是作者与读者的关系问题，再换句话说，就是要问以何种资格向人说话。例如：现在大家同在一个学校里，假定这学校还没有高级中学，而大家都希望添办起来，将此希望的意思，大家作一篇文字，教师的文字与学生的文字，是应该不同的。校长如果也作一篇文字，与教师学生的亦不相同。一般社会上的人，如果也提出文字来，更加各各不同。要点原是一致，而说话的态度、方法等等，却都不能不异的。同样，子对于父和父对于子不同，对一般人和对朋友不同，同是朋友之中，对新交又和对旧交不同。记得有一个笑话，有一学生写给他父亲的信中说："我钱已用完，你快给我寄十元来，勿误。"父亲见信大怒，这就是误认了地位的毛病了。

（4）在什么地方作这文？

作这文的所在地也有认清的必要，或在乡村，或在都会，或在集会（如演说），或在外国，因了地方不同，态度也自须有异。例如在集会中，应采眼前人人皆知的材料；在乡村应采乡村现成的事项；在国外，用外国语；在国内，应用本国语（除必不得已须用外国原语者外）。"我们的 father""你的 wife"之类，是怪难看难听的。

（5）在什么时候作这文？

这是自己的时代观念，须得认清的。作这文在前清，还是在民国成立以后？这虽是大家都知道的事，但实际上还有人没了解。现在叹气早已用"唉"音了，有许多人还一定要用"呜呼""嗟乎"；明明是总统，偏叫作"元首"；明明是督军，却自称"疆吏"；往年黎元洪的电报甚至于使人不懂，这不是时代错误是什么？

（6）怎样作这文?

上面的五种态度都认清了，然后再想作文的方法。用普通文体呢，还是用诗歌体？简单好呢，还是详细好？直说呢，还是婉说？开端怎样说？结末怎样说？先说大旨，后说理由呢，还是先说事实，后加断定？怎样才能使我的本旨显明？怎样才能免掉别人的反驳？关于此种等等，都须自己打算研究。

以上六种，我以为是作文时所必须认清的态度，虽然很平凡，却必须知道，把它连接起来，就只是下面的一句话：

> 谁对了谁，为了什么，在什么地方，什么时候，用什么方法，说什么话。

如果所作的文字依照这里面的各项检查起来，都没有毛病可指，那就是好文字，至少不会成坏文字了。不但文字如此，语言也是这样。作文说话时只要能够留心这“六 W”，在语言文字上就可无大过了。

论记叙文中作者的地位并评现今小说界的文字

普通文字的体裁，一般分为议论、说明、记事、叙事四种。这分类虽由于文字的表面的性质，其实内部还含有作者的态度上的不同。就是作者自己在文中现出不现出的问题。在议论文中，所列的完全是作者对于某事物的判断，作者完全现出在文里；说明文，是以作者的见解来解释某事物的，作者也现出在文中，不过程度较差罢了。至于记事文与叙事文，乃如实记述事物的文字，态度纯属客观，作者在文字上无现出的必要，并且现出了反足以破坏本文的调子。因为记叙文的使命，不在议论某事物的好坏，解释某事物的情形理由，乃在将作者对于某事物的经验如实传给读者，使读者从文字上也得同样的印象。这时候作者所处的只是个媒介的地位。媒介虽有拉拢男女之功，然在已被拉拢的男女之间，却是大大的障碍物，非赶快躲避一旁不可的。

在这里，恐怕有人要问："那么作者在记叙文中不能发挥自己的人格个性了吗？"我的回答很是简单，就是作者得因了文字暗示他的人格个性，而在文字的形式上，绝不许露出自己的面目来。"郑伯克段于鄢"，孔子虽在"克"字上表示许多深意，然在文字的形式上，除记叙以外却不占着地位。荷马的人格个性虽可从《伊里约特》或《阿突西》等作品中想象仿佛，但从文字的形式上却没有羼入着自己的解释或议论。

除用了像上文所说的方法暗示作者的人格个性外，记叙文中实不容作者露出自己的面目；要露出自己的面目，非在本文以外另起炉灶不可。历史中的“太史公曰”“赞曰”等语以下的文字完全是议论性质，和正文本纪列传中的文字异其态度了的。

记叙文在文字的形式上要看不出有作者在，方能令人读了如目见身历，得到纯粹的印象。一经作者逐处加入说明或议论，就可减杀读者的趣味。其情形正如恋爱男女喁喁情话着，媒介者突然露出面影来羼入障害一样。凡是好的记叙文，大都是在形式上看不出有作者的。

> 楚子登巢车以望晋军。子重使大宰伯州犁侍于王后。王曰：“骋而左右，何也？”曰：“召军吏也。”“皆聚于中军矣！”曰：“合谋也。”“张幕矣！”曰：“虔卜于先君也。”“彻幕矣！”曰：“将发命也。”“甚嚣且尘上矣！”曰：“将塞井夷灶而为行也。”“皆乘矣！左右执兵而下矣！”曰：“听誓也。”“战乎？”曰：“未可知也。”“乘而左右皆下矣！”曰：“战祷也。”

这是《左传》中叙鄢陵之战的文字中的一节，可谓记叙文中典型的文字。其所以为典型的，就在作者不露面目，能使读者恍如直接耳闻楚子与伯州犁的对话。古来所谓好的记叙文中也有偶然于记叙中突然加入说明的，但真是很少，并且也只一二句，混入不多。例如《项羽本纪》中：

……项王即日因留沛公与饮，项王项伯东向坐，亚父南向坐。（亚父者范增也。）沛公北向坐，张良西向侍。……

章邯令王离涉间围距离，章邯军其南，筑甬道而输之粟，陈余为将，将卒数万人而军巨鹿之北。（此所谓河北之军也。）

又如《左传·宣四年传》：

初若敖娶于䢵，生斗伯比，若敖卒，从其母畜于䢵，淫于䢵子之女，生子文焉。䢵夫人使弃诸梦中，虎乳之、䢵子田，视之，惧而归，夫人以告，遂使收之。（楚人谓乳谷，谓虎于菟故命之曰斗谷于菟。）以其女妻伯比。实曰令尹子文。

上面括号内的句子，都与上下别的句子态度不同：别的是记叙，括号内的却是作者加入的说明了。我对于这种句子另有一个解释，以为不足为病。原来这种句子如果在现在都是夹注性质，应用括号或搭附标，列在本文以外，古人尚无这种便利的符号，所以混入正文罢了。试看，把上例括号中的句子括出之后，上下文仍是衔接的。

记叙文应以不露作者面目为正宗，从前流行的“夹叙夹议”究属滥调。我国从来文人叙述一悲哀的事实，末尾常有“呜呼悲矣”的附加语；描写一难得的人物，往往用“呜呼！可以风矣”煞脚。其实，这是作者对于读者的专制态度。作者的任务只要把是悲或可风的事实如实写出，传给读者就够，至于悲不悲，被风不被风，都属于读者的自由，不必用了谆谆教诲的态度来强迫的。

喜读《孔雀东南飞》，但对于末尾的“多谢后世人，戒哉慎勿忘”二句，常感不快，以为总是缺陷，不如没有了好。因为作者在这二句中突然伸出头来了。同是描写兵祸的诗，我喜读杜甫的《石壕吏》，而不甚喜读白乐天的《新丰折臂翁》。因为前者纯系记叙性，后者的末尾一段：“君不闻，开元宰相宋开府，不赏边功防黩武；又不闻，天宝宰相杨国忠，权求恩幸立边功；边功未立人生怨，请问新丰折臂翁。”完全是作者自己在那里说话，突然露出了面目的。《新丰折臂翁》是《新乐府》五十首之一，据白乐天自序，这五十首是“为君为臣为民为物为事而作，不为文而作”的。

不用说，记叙文中也有以作者自身为对象的。但这只限在文体“自序”或第一人称的小说的时候。这时作者完全与读者对面，作者就是文中的主人翁，一切都用了告语的态度写出。其情形与作者自己做了媒介传给外界某事物的光景于读者时，完全不同的。用主观的态度或第一人称到底，可以，用客观的态度或第三人称到底，也可以。所可非议的只是明明是客观的态度或第三人称的文字，突然作者伸出头来，把主观的或第一人称的态度夹杂进去，使文字失其统一。

中国旧小说中，这种不统一之处很多。作者用了“可以戒矣”“可以风矣”的态度含着劝惩主义的不必说，即在文字的形式上，作者时时出头。先就小说文字的腔调看，有下面种种的例可指：

“却说”“正是”“未知后事如何，且听下回分解”。

“前人有诗曰……”或“有诗为证”。

“说时迟，那时快。”

“闲言不表，且归正传。”

“也是合当有事。”

这类词句都是作者的口气，就是作者在文中时时现出了。以上还不过就常用的腔调说，正文中同样的缺陷也几乎随处皆有。试以《红楼梦》为例：

（第四回中既将薛家母子在荣府中寄居等事略已表明，此回则暂不能写矣，如今且说）林黛玉自在荣府，一来贾母万般怜爱，寝食起居一如宝玉……

（第五回）

……宝玉笑而不答，一径同秦钟上学去了。(原来这义学也离家不远，原系当日始祖所立，恐族中子弟有不能延师者，即入此中读书。凡族中为官者皆有帮助银两以为族中膏火之费，举年高有德之人为塾师。)如今秦宝二人来了，一一的都互相拜见，读起书来。……(原来这学中虽多是本族子弟与些亲戚家子侄，俗语说得好：“一龙一种，种种各别。”未免人多了，就有龙蛇混杂下流人物在内。)自秦宝二人来了，都生得花朵儿一般模样……

(第九回)

……金荣只顾得意乱说，却不防还有别人，(谁知)早又触怒了一个人。(你道这人是谁？原来这人名唤贾蔷，亦系贾府中之正派玄孙……)

(同上)

再以《水浒传》为例：

……十五人眼睁睁地看着那七个人都把金宝装了去，只是起不来，挣不动，说不得，(我且问你，这七人端的是谁？不是别人，原来正是晁盖、吴用、公孙胜、刘唐、三阮这七个，恰才那个挑酒的汉子，便是白日鼠白胜。却怎样地用药？原来挑酒上冈子时，两桶都是好酒。七个人先吃了一桶，刘唐揭起桶盖，又兜了半瓢吃。故意要他们看着，只是叫人死心塌地。次后吴用去松林里取出药来抖在瓢里；只做走来饶他酒吃，把瓢去兜时，药已搅在酒里，假意兜半瓢吃，那白胜劈手夺下，倾在桶里。——这个便是计策。那计较都是吴用主张.，这个唤做“智取生辰纲”。)

(第十五回)

那妇人回到家中……每日却自和西门庆在楼上任意取乐……这条街上远近人家无有一人不知此事，却都怕惧西门庆那厮是个刁徒泼皮，谁肯来多管！(常言道“乐极生悲，否极泰来。”光阴迅速，前后又早四十余日。)却说武松自从领了知县言语……

(第二十五回)

够了，不必多举了。把上面括号中的部分和不加括号的部分合读起来，很足使人感到不调和的缺陷。我也认《红楼梦》与《水浒传》是有价值的小说，但对于这样的笔法，总觉有点不满。在近世别国的小说中是找不出这样的手法的。

以上是我个人对于记叙文的见解和对于旧文艺的不满的表示。以下试以这见地来评现在新作家的创作。在这里，我先要声明二事：(一)我所评的不是作品全体，只是作品的形式部分——文字而已。(二)我因无暇无钱，不能普遍地搜罗现今当世诸作家的作品来读，所经眼的作品只是很有限的几篇。

现今诸家的作品，手法上、体裁上，大家都已力求脱去旧套，模仿他国的了。但就我所见到的有限的若干作品中，似乎还有许多地方未能脱尽旧式，有着我所谓不统一的瑕疵的。例如鲁迅的《风波》中：

老人男人坐在矮凳上，摇着大芭蕉扇闲谈，孩子飞也似的跑，或者蹲在乌桕树下赌玩石子。女人端出乌黑的蒸干菜和松花黄的米饭，热蓬蓬冒烟。河里驶过文人的酒船，文豪见了大发诗兴，说："无思无虑，这真是田家乐啊！"

（但文豪的话有点不合事实，就因为他们没有听到九斤老太们的话。）这时候九斤老太正在大怒……

又如郁达夫的《沉沦》中：

第一高等学校将开学的时候，他的长兄接到了院长的命令要他回去。他的长兄便把他寄托在一家日本人的家里。几天之后，他的长兄长嫂和他的新生的侄女就回国去了。

（东京的第一高等学校里有一班预备班，是为中国人特设的。在这预科里预备一年卒业之后才能入各地高等学校的正科，与日本学生同学。）他考入预科的时候，本来填的是文科，后来将在预科卒业的时候，他的长兄定要他改到医科去，他当时亦没有什么主见，就听了长兄的话把文科改了。

（在生活竞争不十分猛烈，逍遥自在，同中古时代一样的时候，在风气纯良，不与市井小人同处，清闲雅淡的地方，过日子正如做梦一般。）他到了N市之后，转瞬之间，已经有半载多了。

又如叶绍钧的《潘先生在难中》中：

不知几多人心系着的来车居然到了。闷闷的一个车站就一变而为扰攘的境界，（来客的安心，候客者的快意，以及脚夫的小小发财，我们且都不提，单讲一位从让里来的潘先生。）他当火车没有驶进站场之先，早已调排得十分周妥，他领头，右手提着黑皮包，左手牵着个七岁的孩子。七岁的孩子牵着他的哥哥，（今年九岁。）哥哥又牵着他的母亲，潘师母。潘先生说人多照顾不齐，这么牵着，首尾一气，犹如一条蛇，什么地方都好钻了。他又屡次叮嘱，教大家握得紧紧，切勿放手，尚恐大家忘了，又屡次摇荡他的左手，意思是教他把这个警告打电报一般一站一站递过去。（首尾一气诚然不错，可是也不能全然没有弊端。火车将停时所有的客人和东西，都要涌向车门，潘先生一家的一条蛇是有点尾大不掉了。）

这都是第三人称的小说，而于中却夹入着作者主观的议论或说明，就是作者忽然现出。文字在形式上失了统一，应认为手法上的不周到，须改善的。这种文例，据我所见到的着实还不少，反正是同样的例，不多举它。

此外，诸家的作品中，还有表面上似不犯上面所说的缺陷，而骨髓里却含有同样不统一的毛病的，例如冰心的《超人》中所列的厨房里跑街的十二岁的孩子禄儿在花篮中附给主人公何彬的信：

> 我也不知道怎样可以报先生的恩德，我在先生门口看了几次，桌子上都没有摆着花儿——这里有的是卖花的。不知道先生看见过没有——这篮子里的花，我也不知道是什么名字，是我自己种的，真是香得很，我最爱它。我想先生也必是爱它，我早就要送给先生了，但是总没有机会，昨天听说先生要走了，所以赶紧送来。
>
> 我想先生一定是不要的。然而我有一个母亲，她因为爱我的缘故，也很感激先生。先生有母亲么？她也是一定爱先生的。这样，我的母亲和先生的母亲是好朋友了。所以先生必受母亲的朋友的儿子的东西。
>
> 禄儿叩上

姑勿论贫苦的禄儿能否识字写信，即使退若干步说，禄儿曾识字能写信，但这样拗曲的论调，究竟不是十二岁的小孩的笔端所能写得出的，揆诸情理殊不可通。其病源完全与上述各例一样，是作者在作品中露出马脚来。不过一是病在表面，一是病在内部罢了。

易卜生的《娜拉》中，哈尔茂称娜拉为“小鸟”，为“可爱的小松鼠”，为“可爱的云雀”。马克斯·诺尔道（Max Nordau）在《变质论》中批评他说：“这是银行经管、辩护士、同居八年了的丈夫，对于已经做了三个子女的母亲的妻所应有的口吻吗？”

套这口气，我对于上面的信，也要发同样的疑问：“这信是厨房徒弟、十二岁的小孩所作的文字吗？”章实斋的《古文十弊》里说：

> 文人固能文矣，文人所书之人不必尽能文也。叙事之文，作者之言也，为文为质，唯其所欲，期如其事而已矣。记言之文，则非作者之言也，为文为质，期于适如其人之多，非作者所能自主也。名将起于卒伍，义侠或奋闾阎，言辞不必经生，记述贵于宛肖。而世有作者，于此多不致思，是之谓优伶演剧。……

这虽为“古文”而说，我以为实是普通记述文字应守的律令。上例正犯了此律令。

又有不但部分上态度不一致，全篇犯着不统一的毛病的。例如《创造周报》（第十三期）全平的《呆子与俊杰》。依理，要对于全篇加批评，应把原作全体抄录。为避烦计，只得摘取开端和结尾，显出其全文形式上的态度。并且，我以为但看开端和结尾就够。因为已可看出全文形式上的口气了。原作开端一节是：

当去年暑假到来的时候，我的乡人C君在平民教养院所获得的美缺，被他的友人H君占去了。

结尾一节是：

暑假到了，识时务的俊杰H君代替C君占了教养院的美缺了，不合时宜的呆子C君茫然地离开了教养院，绝无留恋。他把他曾进行的艰巨的交际工程完全抛弃了。他开始了在俊杰的对面度那寂寞孤独而被人讥讽的呆子的生涯。

因为文字在叙述上是逆行的，所以结尾仍旧说到开端所说的事情为止。详细请看原作。就这开端和结尾二节看，就可知道C君在文中是主人公，H君是副主人公，语气是第三人称的。以下就依了这些条件来加以批评。

全篇称“C君”“H君”，则作者立在旁面观察的地位可知，这文中的人名下加称呼，完全是普通称呼性质，和叶绍钧的《潘先生在难中》的“潘先生”性质不同。叶的“潘先生”已是专称，和通常称潘某某没甚两样。这文里的称“君”，纯粹只是普通称呼。

依上面的立脚点说，原作中凡叙述主人公内生活的处所，几乎全体发生冲突了。例如：

> 大会早已散了。C君和H君并坐在“一路”电车中。他（满怀快乐，满脸高兴。）……

“满脸高兴”是旁观者看得出的，至于“满怀快乐”，依上列的条件似乎是有点通不过去了。更有甚者：

> 电车到了静安寺，他们俩走下车来，步行回去，途中C君想：H君的话确有几分道理……

试问，作者何以知道C君在想？在这样想呢？这样一一检查，几乎全篇各处都要逢到同类的困难了。

我以为这困难完全在用了一“君”字的缘故，因为“君”字的背后，露出有作者的地位的。

原来在第三人称的小说作者的立点有三：一是全知的视点（The omniscient point of view）；二是制限的视点（The limited point of view）；三是纯客观的视点（The rigidly restricted point of view）。在全知的视点中，作者好似全知全能的神，从天上注视下界。作品中一切人物的内心秘密无不知道。一般描写心理的小说，作者如果不完全立脚于这态度，就在情理上通不过去。制限的视点，是把全知的视点缩小范围，只在作品中一人物上，行使其全知的权利，凡借了作品中一人物（主人公）而叙述一切者皆是。纯客观的视点范围更狭，作者绝不自认有全知的权利，对于作品中人物但取客观的态度而已。

上例既称“C 君”“H 君”，当然是属第三的纯客观的视点的文字，作品中人物的内心生活，实无知道的权利。若欲改为第一的全知的视点，或第二的限制的视点，则不应称“君”。但称 C 和 H 就是了。“君”的称呼，实是原文中致命的伤点。

以上是我因了个人的记叙文的见解，对于现今小说界文字上的批评。论理我于指摘缺点以外，应再举国内或国外的小说中的正例来证明己说。但这有好几个难点，举全文呢，不但不胜其烦，且不知举谁的哪一篇好；举一节呢，又恐读者要发生“以偏概全”的怀疑，以为一节的无病，不能证明全文的也都无病，不得已只好不举了。据我个人所知，别国名小说中是少见有这样不统一的文字的。

我在国文科教授上最近的一信念
——传染语感于学生

无论如何设法，学生的国文成绩总不见有显著的进步。因了语法、作文法等的帮助，学生文字在结构上、形式上，虽已大概勉强通得过去，但内容总仍是简单空虚。这原是历来中学程度学生界的普通的现象，不但现在如此。

为补救这简单空虚计，一般都奖励课外读书，或是在读法上多选内容充实的材料。我也曾如此行着，但结果往往使学生徒增加了若干一知半解的知识，思想愈无头绪，文字反益玄虚。我所见到的现象如此，恐怕一般的现象也难免如此吧。

近来，我因无力多购买新书，时取以前所已读而且喜读的书卷反复重读，觉得对于一书，先后所受的印象不同，始信“旧书常诵出新意”是真话。而在学生的教授上，也因此得了一种新的启示，以为一般学生头脑上的简单、空虚，或者可以用此救济若干的。

我现在的见解以为：无论是语是句，凡是文字都不过是一种寄托某若干意义的符号。这符号因读者的经验能力的程度，感受不同：有的所感受的只是其百分之一二，有的或者能感受得更多一点，要能感受全体那是难有的事。普通学生在读解正课以及课外读书中，对于一句或一语的误解不必说了，即使正解，也绝非全解，其所感受到的程度必是很浅。收得既浅，所发表的也自然不能不简单空虚。这在学生实在是可同情的事。

举例来说，"空间"一语是到处常见的名词，但试问学生对于这名词的了解有多少的程度？这名词因了有天文学的常识与否，了解的程度大相径庭。"光的速度，每秒行十八万里，有若干星辰，经过四千年，其所发的光还未到地球。"试问在没有这天文学常识的学生，他们能如此了解这名词吗？在学生的心里，所谓"空间"，大概只认为是屋外仰视所及的地方吧。同样，"力"的一语在学生或只解作用手打人时的情形吧；"美"的一语，在学生或只解作某种女人的面貌的状态吧。

以上是就知的方面说的，情的方面也是如此。我有一次曾以《我的家庭》为题，叫学生作文。学生所作的文字都是"我家在何处，有屋几间。以何为业，共有人口若干……"等类的文句，而对于重要的各人特有的家庭情味，完全不能表现。原来他们把"家庭"只解作一所屋里的一群人了！"春""黄昏""故乡""母亲""夜""窗""灯"，这是何等情味丰富、诗趣充溢的语啊，而在可怜的学生心里，不知是怎样干燥无味、杀风景的东西呢！

不但国文科如此，其他如数学科中的所谓"数"和"量"，理科中的所谓"律"和"现象"，历史中的所谓"因果"和"事实”等等，何尝能使学生有充分的了解？

要把一语的含义以及内容充分了解，这在言语的性质上，在人的能力上，原是万难做到的事。因为一事一物的内容本已无限，把这无限的内容用了一文字代替作符号，已是无可如何的办法。要想再从文字上去依样感受它的内容，不用说是至难之事。除了学生自己的经验及能力以外，什么讲解、说明、查字典，都没有大用。夸张点说，这已入了“言语道断”的境地了。

真的！要从文字去感受其所代表事物的全部内容，这是“言语道断”之境。在这绝对的境界上，可以说教师对于学生什么都无从帮助。因为教师自身也并未能全体感受任何一文字的内容。其实，世间绝没有能全体感受任何一文字的内容的人，所不同的只是程度之差罢了。数学者对于数理上的各语所感受的当然比普通人多。法律学者对于法律上的用语，其解释当然比普通人来得精密。一般做教师的，特别的是国文科教师，对于普通文字应该比学生有正确丰富的了解力。换句话说，对于文字应有灵敏的感觉。姑且名这感觉为“语感”。

在语感锐敏的人的心里，“赤”不但只解作红色，“夜”不但只解作昼的反对吧。“田园”不但只解作种菜的地方，“春雨”不但只解作春天的雨吧。见了“新绿”二字，就会感到希望焕然的造化之功、少年的气概等等说不尽的情趣。见了“落叶”二字，就会感到无常、寂寥等等说不尽的诗味吧。真的生活在此，真的文学也在此。

自己努力修养，对于文字，在知的方面，情的方面，各具有强烈锐敏的语感，使学生传染了，也感得相当的印象。为理解一切文字的基础，这是国文科教师的任务。并且在文字的性质上，人间的能力上看来，教师所能援助学生的，只此一事。这是我近来的个人的信念。